国語科授業にスリルとサスペンスを

河野庸介

教育出版

はじめに

やはり行き着くところは授業改善である。

ここ数年、わが国の教育界は六十年ぶりに行われた教育基本法の改正を受け、さまざまな改革が実施されてきた。学校教育法の改正や学習指導要領の改訂は、そのような教育改革の一環であった。削減を重ねてきた年間授業時数も各学校で教えるべき内容も増加した。しかしながら、ＰＩＳＡ調査の結果はわが国の学校教育の在り方に明るい光を感じさせはしないし、法律で規制したからといって、子供たちの「学習意欲」の向上が期待されるものでもない。法律が変わり、学習指導要領が変わり、そして教科書が変わったとしても、やはり授業が改善されないかぎり学校教育の未来は明るくなりはしない。しかし、二十一世紀を生きる子供たちにはそれにふさわしい能力と態度を身に付けさせなくてはならない。今こそ、各学校における日々の授業改善を土台にして、新しい国語科の授業を創造する必要がある。そのためには、「教育改革の波は教室のドアーに遮られ、教室に入ることができない」という指摘を乗り越え、国語科教室を外に向かって開くとともに、教育改革の考えを生かした授業改善に取り組むことが大切である。

したがって、今日の国語科教師に求められているのは、新学習指導要領国語の趣旨の理解だけではない。そこに示された国語科教育改善の視点から日々の国語科授業を見直し魅力的な授業を展開して、新学習指導要領国語に示されている言語能力と国語を尊重する態度とを生徒に身に付けさせることである。本書は、新学習指導要領国語のねらいを踏まえつつ、中学校国語科（「読むこと」）の授業改善の方法について、具体的な教科書教材をとおして提案することをねらいとしている。

そして、本書で提案する授業改善のキーワードが「スリル」と「サスペンス」である。ちなみに、ここでは「スリル」と「サスペンス」を次のような意味で用いている。

スリル〈thrill〉（恐怖、快感で）ぞくぞくする、わくわくする感じ、感激。

サスペンス〈suspense〉結果がどうなるかわからない不安、緊張感、興奮。

なお、時枝誠記は、国語科における「サスペンス」について次のように指摘している。

「読む」ということは、既知の世界を手がかり足がかりとして、未知の世界を切開いて行くことである。このような読みの気持ちを、「サスペンス」といってもよい。サスペンスということは、推理小説の「読み」だけにいわれることでなく、すべての「読み」の基本的な性質である。読方教育は、児童生徒に正しいサスペンスの気持ちを持たせることであるということもできる。

時枝誠記「文章の性格と読解の方法」
（『時枝誠記国語教育論集Ⅰ』明治図書　一九八四）

時枝誠記が指摘するように、国語科は、文章の内容理解及び表現方法の指導において、生徒が既有の知識・技能を「手がかり足がかり」として、ということは、それらを活用して、未知の世界を切り開き、新しい知識・技能を身に付けていけるような授業を創造する必要がある。このような授業の中にこそ、スリルとサスペンスが生まれるのである。本書はこのようなスリルとサスペンスを授業に導入することにより国語科の授業の改善をめざすことをねらいとしている。

なお、本書を刊行するにあたり、教育出版の玉井久美子、岸川富弥両氏には、企画・編集などに懇切なご指導・ご助言をいただいた。記して謝意を表する次第である。

平成二十二年二月

著　者

目次

I

魅力的な国語科授業の創造に向けて

1　国語科授業の考え方

国語科の授業が、教科書に掲載された教材内容の理解を深めさせつつ、学習指導要領の指導事項に示された言語能力を生徒に身に付けさせることを目標としていることに、疑問の余地はない。やや単純化して表現すれば、「教科書を」教えつつ、「教科書で」教えるということになる。本書では『少年の日の思い出』、『走れメロス』、『故郷』を取り上げて、国語科授業における文学的な文章の指導方法についてなるべく具体的に述べる予定であるが、はじめに、国語科授業「読むこと」の基本的な指導のあり方についてまとめておくことにする。

(1)　指導目標

■学習指導要領の指導事項

指導目標は、当該教材を用いた授業で、生徒にどのような言語能力や態度を身に付けさせるのかを示している。この指導目標は、基本的に当該教材及び学習指導要領に基づくことになる。「国語の授業でどのような能力が身に付いたのかわからない」と感じる生徒が生まれないよう、一時間一時間の授業におけるねらい（育成をめざす言語能力）を明確にした授業を実践することが、国語科授業のもっとも基本的な考え方である。

■文章内容の理解（「対峙《たいじ》的読み」）

文章の内容についての理解を深めることであるが、その際に注意すべきことは、「対峙的読み」である。この「対峙的読み」とはいわゆる「クリティカル・リーディング」の意味で使用しているものである。ある文章を読むということは、登場人物に同化してその文章に入り込み、いわば文章を内部から理解することだけでは不十分である。当該文章を自らの目の前に対象化して置くとともに、書き手である作者と対峙する気持ちで読み進めることが求められるのである。「批判的読み」という語もしばしば目にし、耳にするが、このような意味から、「批判的な読み」よりも「対峙的読み」というほうが適切だと考える。

(2)　学習課題

学習課題の設定こそが本書の中心的な内容である。あらかじめ結論を示せば、国語科授業にスリルとサスペンスを生み出すためには、適切な学習課題の提示が不可欠である。

学習課題の設定においては、教師の指導力が大きく問われることになる。否、どのような学習課題を設定するかは、教師の指導力そのものと言えよう。「学習課題は児童・生徒が決める」という言葉を耳にすることがあるが、もし、常時そのように学習課題を設定しているとしたら、首をかしげざるをえない。学習課題の設定はそのように生やさしいものではないからである。学習課題は、課題の解決に取り組むことによって、文章内容の理解を深めさせるとともに、学習指導要領に示されている言語能力を身に付けさせることをねらいとしている。学習指導要領を理解していない児童・生徒が、適切な学習課題を設定するのを期待すること自体が無理なことであろう。可能性があるのは、児童・生徒が考えた学習課題を教師が修正したり、そこに新たな意味を付与したりして学習課題とすることであろう。その学習課題をあたかも自分たちで作ったかのように児童・生徒に思わせる教師の指導力に支えられつつ、当該学習課題に取り組むことで、文章内容の理解を深めつつ、学習指導要領のめざす言語能力を身に付けることができるのである。

■学習課題の条件

学習課題を設定する際に重視する条件は、主として次の三つである。

ア　学習課題について考えることで、学習指導要領に示された言語能力が身に付くこと。

イ　学習課題について考えることで、文章全体の読みが深まること。

ウ　学習課題は、理解したつもりでいるが実は不十分な理解であったことに気づかせるものであること。

■学習課題に取り組むための基礎的な知識・技能[注1]

ア　繰り返し　イ　比較・対照　ウ　擬音語・擬態語
エ　会話文　オ　比喩《ひゆ》　カ　視点の転換
キ　行動描写　ク　象徴　ケ　情景描写
コ　題名　サ　前書き・後書き　シ　音・色彩・視線
ス　主人公

このア～スの知識・技能を、小学校国語との連携を深める中で生徒に確実に身に付けさせる必要がある。以下の「学習課題」について考える際は、小学校における学習で身に付けておくことが望ましいこれらの知識・技能が身に付いていることを前提としている。国語科教育においては、

注1　ア～スは、主に以下の論考をもとに作成した。
鶴田清司『文学教材の読解主義を超える』（明治図書　一九九九）
西郷竹彦『西郷竹彦文芸教育著作集　別巻Ⅰ～Ⅲ』（明治図書　一九八二）
安田玲子「小学校文学教材における『主体的な読み』の指導法」（群馬大学修士論文　二〇〇七）
青木陽介「小説教材『羅生門』の読みの指導」（群馬大学修士論文　二〇〇八）

このような小・中学校の学習内容の関連性を重視する必要があり、今回の学習指導要領国語の改訂においても、小学校から中学校までの「指導事項の系統化」に、ということは「言語能力の系統化」という考え方によく表れている。

なお、この学習課題の作成については、西林克彦『わかったつもり　読解力がつかない本当の原因』（光文社新書　二〇〇五）が非常に参考になるので、一読をお勧めする。

(3) 学習活動・ペア学習

指導目標と学習課題が決まれば、次は、指導目標及び学習課題を効果的に達成するための学習活動（言語活動）について考えることになる。学習活動は、指導目標、学習課題、児童・生徒の実態、教師の指導力等によって大きく左右されるものであるが、一般的には次のような学習活動が考えられよう。

■「話す活動・聞く活動」を取り入れた学習活動

朗読（音読）大会、パネルシアター、リーディングシアター、動作化、劇化、挿絵の活用　等

■「書く活動」を取り入れた学習活動

手紙（友達、両親、作者、登場人物等に宛てて）、吹き出し、続編、地図、書き換え（リライト）、

登場人物の日記、視点の転換、人物紹介カード、かるた作り、紙芝居、紹介文、本の帯作り、ポップ作り、キャッチコピー、ペープサート　等

■「読む活動」を取り入れた学習活動

複数の文章の読み比べ、同一作者の他の作品の紹介　等

今回の学習指導要領の改訂の特徴の一つに、「言語活動例」の充実があげられる。提示された「言語活動例」についてその特徴をよく理解するとともに、ここに示したような学習活動（言語活動）を効果的に授業に取り入れることが、児童・生徒の主体的な学習態度の育成につながることになる。

なお、児童・生徒の学習活動においては、一人一人の考えを深める活動を重視するとともに、他人と協力して学習を進めていく「ペア学習」を積極的に取り入れることが大切である。自分の考えをもちつつ、気軽に友達との相談を繰り返す中で、よりよい人間関係を構築する能力（コミュニケーション能力、人間関係形成力）や、協力して課題を解決していく能力（課題解決能力）を身に付けさせることは、国語科のみならずすべての教科において求められる重要な能力である。

2 「読むこと」の指導方法

(1) 全体から部分へ、部分から全体へ

国語科の授業では、「一読総合法」による授業でなければ、一般的に授業の始め（一時間目）に教師による教材文の範読が行われることが多い。教科書に掲載されている教材文は、児童・生徒の発達段階に応じた内容になっている。したがって、教師の範読を聞いた児童・生徒は、教材文の細かな部分は除き、文章内容の大体は理解できる。ある学校の『走れメロス』の授業の一時間目、教師による範読が終わった時、生徒の多くがため息のような安堵《あんど》の息をもらしたことがあった。このことは『走れメロス』に限らず、小学校における『大造じいさんとがん』などでも同様であろう。このような場合、二時間目以降の授業は、児童・生徒が当該文章の大体、あるいはその結末を既に知っているという前提で進める必要がある。この当然のことに、これまでの国語科の授業はあまり関心を払ってこなかったように思われる。しかし、児童・生徒が当該文章の内容の

大体を既に知っているということは、授業を構想するうえできわめて重要な前提である。そして、この前提によって文学的な文章においても説明的な文章においても、「全体から部分へ、部分から全体へ」と展開していく国語科授業が可能となる。

「全体から部分へ、部分から全体へ」という指導方法について簡単に紹介すれば次のような内容になる。

■「全体から部分へ、部分から全体へ」

児童・生徒は、一時間目に行われる教師の範読により文章内容の大筋は理解することができる。そのうえに新出漢字や難解語句についての学習を終えた段階で数度の音読をしていれば、文章内容の理解はさらに進んでいることになる。このように国語科の授業においては、一時間目あるいは二時間目が終了するころには、学習する文章をほぼ理解している児童・生徒が多いのである。このことを踏まえ、文章の概略（全体）を踏まえつつ、その細部（部分）について、段落相互の関係や心情の変化などにかかわって「文章を対象化」しつつ読み解いていくのである。この読み解いていく学習過程において求められるのが、全体から部分に切り込んでいく視点ともなる「学習課題」である。このような「読むこと」の学習過程を示せば以下のようになる。

① 文章の範読、語句・語彙指導等を経たあとに文章内容の大体を理解させる。

②〈全体から部分に切り込めるような〉学習課題を提示する。
③学習課題を解決するための情報を各部分から取り出させる。
④文章の各部分から取り出した情報を判断させ、それをもとに解釈させる。
⑤文章の各部分と文章全体との関係について考えさせる。
⑥筆者（作者）の考えについて推論させる。
⑦文章の内容や表現形式、筆者の考えについての感想や考えをもたせるとともに、根拠に基づきつつ論理的に判断し表現させる。

(2) 説明的な文章

説明的な文章とは、「ある概念や事象をより日常的・具体的な概念や事象を用いてわかりやすく叙述することにより筆者のなんらかの考えを表現した文章[注2]」と考えることができる。このような特徴をもっている文章を用いて授業を進めるのであれば、指導すべき事柄は、学習指導要領の指導事項を踏まえつつ、次のａ～ｄの事項になると考えられる。

ａ　ある概念や事象（文章内容の理解・具体的な事柄や現象の理解）
ｂ　わかりやすい叙述（論理的な、筋道だった展開）

c　筆者の考え（筆者は、取り上げた概念や事象をどう考えて、どのような立場からそれを書いているのか）

d　自分の考え（文章内容や論の展開、筆者の考えについて、どう考え、どう評価するか）

説明的な文章でこれらを指導すべく、本書で提案する「全体から部分へ、部分から全体へ」という指導方法では、次に示す①～⑤を指導する事柄として取り上げることになる。

■説明的な文章において指導する事柄

① 問題提起と結論とを理解させる（全体像の大体の理解）→aにほぼ該当。

② 結論と本論の各部分との関係について検討させる（全体から部分へ）→a及びbに該当。

③ 本論に示された各部分が結論を支える根拠になっているかどうか考えさせる（部分から全体へ）→bに該当。

④ 筆者の思いについて考えさせる→cに該当。

⑤ 文章の表現内容や表現方法について考えさせたり判断させたりする（考えの形成）→dに該当。

注2　田近洵一・井上尚美編『国語教育指導用語辞典　第四版』（教育出版　二〇〇九　148ページ）、国語教育研究所編『国語教育研究大辞典　普及版』（明治図書　一九九一　551～553ページ）等を参考に作成した。

(3) 文学的な文章

文学的な文章（物語・小説）とは、「ある事件や出来事をとおして変化・成長していくある人物の姿を具体的に叙述することにより作者のなんらかの考えを表現した文章[注3]」と考えることができる。このような特徴をもっている文章を用いて授業を進めるのであれば、指導すべき事柄は、学習指導要領の指導事項を踏まえつつ、次のa～eの事項になると考えられる。

a　ある事件や出来事（文章内容の理解・事件や出来事の始まりと終わり）

b　人物（登場人物の行動や心情の変化の把握）

c　叙述（人物及び情景等に関する具体的な叙述の仕方について）

d　作者の考え（作者は、ある人物の変化・成長していく姿を描くことによって、どのような考えを読者に伝えようとしているのか）

e　自分の考え（小説・物語の内容や叙述、作者の考えについて、どう考え、どう評価するか）

小説や物語でこれらを指導すべく、本書で提案する「全体から部分へ、部分から全体へ」という指導方法では、次に示す①～④を指導する事柄として取り上げることになる。

■文学的な文章において指導する事柄

① 事件や出来事の大まかな内容を理解させる（文章全体の大体の理解）↓ａに該当。
② 文章全体の内容及び表現という観点から、事件や出来事の意味やその特徴、登場人物の特徴について検討させる（全体から部分へ）↓ａ・ｂ・ｃに該当。
③ 事件や出来事からイメージされる物語・小説の主題について考えさせる（部分から全体へ）↓ｄに該当。
④ 文章の内容や叙述、作者の考えについて検討させ、判断させる（考えの形成）↓ｅに該当。

(4) 「全体から部分へ、部分から全体へ」とＰＩＳＡ型「読解力」における学習のプロセス

この「全体から部分へ、部分から全体へ」という指導方法は、その過程（19～20ページの①～⑦）において、最近取り上げられることの多いＰＩＳＡ型「読解力」の「学習のプロセス」とほぼ次のような関係にある。

注３　浜本純逸『文学教育の歩みと理論』（東洋館出版社　二〇〇一　191ページ）、国語教育研究所編『国語教育研究大辞典　普及版』（明治図書　一九九一　826ページ）等を参考に作成した。

■文章の範読、語句・語彙指導等を経たあとに文章内容の大体を理解させる

作者・筆者についての解説や、教師による範読、語句・語彙指導は、読解指導の基本である。また、この段階での文章内容の大体の理解については、教材文が児童・生徒の発達段階に即したものであるかぎり、そして、語句・語彙指導がきちんとなされていれば、それほど取り立ててその指導法について述べる必要はないであろう。唯一大切なことは、この段階ではまだ正確な理解を求めなくてもよいということであり、「大体を理解させる」ことで十分である。この学習段階は、PISA型「読解力」における「学習のプロセス」である「情報の取り出し」、「解釈」、「熟考・評価」への前段階ととらえることができる。

■（全体から部分に切り込めるような）学習課題を提示する

14〜15ページに述べた学習課題の条件ア〜ウを踏まえて、児童・生徒の学習意欲を喚起させる、全体から部分に切り込めるような学習課題を提示する必要がある。教師の周到な教材研究、教材分析、さらには、児童・生徒の実態の的確な把握等が求められる。この学習段階は、児童・生徒の学習意欲の喚起を図るという点で、PISA型「読解力」の学習のプロセスよりは、改正学校教育法の示すいわゆる「学力の三要素」の中の「主体的な学習態度（学習意欲）」の育成に深くかかわっている。

■学習課題を解決するための情報を各部分から取り出させる

文字どおりＰＩＳＡ型「読解力」の「情報の取り出し」である。児童・生徒に「目的や意図に応じ」（小・中学校学習指導要領国語「Ｃ読むこと」目標）て文章を読ませることは、必然的に、当該文章の中から「目的や意図に応じ」て必要な事柄を確認させる学習活動を伴うことになる。この学習活動こそ、ＰＩＳＡ型「読解力」の「学習のプロセス」における「情報の取り出し」にあたる。

また、「学力の三要素」の一つである「主体的な学習態度（学習意欲）」を身に付けさせるためには、「目的や意図」を達成するために読むのだという、「読むこと」への必要感を児童・生徒に与えることが不可欠である。このように「学習課題」の設定は、児童・生徒の学習活動に大きな影響を与えることになる。

■文章の各部分から取り出した情報を判断させ、それをもとに解釈させる

取り出した情報をもとに、当該文章の意味・内容を考えさせる学習活動である。叙述に基づいて自分なりに推論を重ねるこの学習活動は、ＰＩＳＡ型「読解力」の「学習のプロセス」における「解釈」と相通じている。

この段階での具体的な学習活動としては、各自が解釈した結果を交流する「ペア学習」やグループでの活動が効果的であろう。一人で考えるだけではなく、日常的、恒常的に自分の考えを相手

に伝えたり、相手の考えを理解したりする活動を重視するのである。自分の考えを相手に理解してもらったり納得してもらったりするための論理的な表現、あるいは適切な言葉づかいなどへの配慮も身に付けていくよう注意深く指導することが大切なことになる。このような学習活動をとおして児童・生徒は、「コミュニケーション能力」や「問題解決能力」を身に付けていくことになる。

■文章の各部分と文章全体との関係について考えさせる

■筆者（作者）の考えについて推論させる

■文章の内容や表現形式、筆者の考えについて、根拠に基づきつつ論理的に判断し表現させる

この段階の学習活動は、ＰＩＳＡ型「読解力」の「学習のプロセス」における「熟考・評価」とほぼ同じである。この学習活動で大切なのは、文章の「内容」だけでなく、その「表現形式」についても自分の考えをもたせるようにすることである。そして、その際には、言語の教育としての立場を重視する国語科として、ぜひとも叙述に基づいた「根拠」のある判断や考えをもたせることが大切である。このことを可能にするためには、「フィンランド・メソッド」として紹介されている[注4]「ミクシィ？（なぜ）」という問いを繰り返すことが有効な方法と考えられる。「なぜ」という質問に繰り返し答える中で、一人一人の生徒に「∴（ゆえに）」と「∵（なぜならば）」を意識させることが大切である。「ミクシィ？（なぜ）」・「∴（ゆえに）」・「∵（なぜならば）」をひ

とまとまりの思考の流れとして児童・生徒に意識させることが必要である。このことが児童・生徒の考えや判断、そして表現をも論理的に鍛えることになるからである。

なお、ここに示した「学習のプロセス」という考え方は、平成20年告示の学習指導要領国語の指導事項の配列においても強く意識されていることであり、今後の国語科教育にとって、きわめて重要な位置を占めることになると考えられる。学習課題を設定する際には、これらの学習過程について十分に意識することが求められる。

注4　北川達夫　フィンランド・メソッド普及会『フィンランド・メソッド入門』（経済界　二〇〇五）、拙著『「フィンランド・メソッド」で我が子の学力を伸ばす』（主婦の友社　二〇〇八）などがある。

II

文学的な文章の指導法

1　文学的な文章で指導すべき事柄

はじめに、文学的な文章とはどのような文章かについて確認したい。

文学的な文章とは、「ある事件や出来事をとおして変化・成長していくある人物の姿を具体的に叙述することにより作者のなんらかの考えを表現した文章」のことである。

(1)　学習指導要領の指導事項

国語科は、学習指導要領の指導事項に示された言語能力と態度について指導する教科である。年間指導計画に基づきつつ、次の三点をもとに教師が自らの指導力の範囲で指導内容を決定することが大切である。

・指導目標
・児童・生徒の実態
・教材（文学的な文章）の内容と形式

(2) 教材文で指導すべき内容

文学的な文章の特徴に基づけば、指導すべき主な内容として学習指導要領の指導事項を踏まえつつ、次の五つが考えられよう。これは22ページに述べたa～eとも重なる。

■事件や出来事の内容

文章内容を正確に理解するため必要不可欠な事柄であり、決しておろそかにしてはならない最も基本的な学習内容の一つである。具体的には、文章中における事件が「いつ、どこで、誰が、何を、どうしたのか、その結果どうなったのか」などについて、正確に理解することである。

■登場人物の行動及び心情・考え

「ある人物」の変化・成長という観点から、その人物の行動及び心情・考えの変化を理解することである。また、その他の人物についても具体的な行動や心情・考えからその特徴や性格等を把握する必要がある。

また、「主人公」について考えることも魅力的な学習活動になることが多い。ただし、主人公について考える学習活動を実りあるものにするためには、あらかじめ主人公に求められる条件を設定しておくことが必要となる。

例えば次のような三条件である。

(ア)　事件や出来事に積極的にかかわっている人物

(イ)　事件や出来事をとおして最も変化・成長している人物

(ウ)　具体的に描写されている回数が多い人物

(ア)、(イ)、(ウ)について、どの条件を重視するのかもあわせて提示しておくとよい。)

この主人公について考える学習課題の発展としては、「自分の好きな登場人物とその理由」という学習課題も考えられる。また、主人公の条件については、この(ア)～(ウ)はあくまで一例にすぎないので、指導者一人一人が、児童・生徒の実態や教材文の特徴などを踏まえつつ、それぞれに設定することも考えられる。

■叙述の特徴

文学的な文章は、文字で表現された芸術である。また、具体的に叙述することがその特徴である以上、叙述の仕方について学習するのは当然である。しかしながら、この「叙述の特徴、叙述の仕方」について考えることは、従来の国語科教育では必ずしも十分には指導されてこなかった部分であり、今後、充実を図る必要がある。

特に、新学習指導要領国語で創作にかかわる「言語活動例」が示されていることからも、「何が書かれているか」だけでなく、それが「どのように書かれているか」についての学習をいっそう充実させる必要がある。

〈新学習指導要領における創作にかかわる「言語活動例」〉

・身近なこと、想像したことなどを基に、詩をつくったり、物語を書いたりすること。（小学校第3学年及び第4学年「B書くこと」ア）

・経験したこと、想像したことなどを基に、詩や短歌、俳句をつくったり、物語や随筆などを書いたりすること。（小学校第5学年及び第6学年「B書くこと」ア）

・表現の仕方を工夫して、詩歌をつくったり物語などを書いたりすること。（中学校第2学年「B書くこと」ア）

・詩歌や物語などを読み、内容や表現の仕方について感想を交流すること。（中学校第2学年「C読むこと」ア）

■作者の考え

作者の考え＝主題とは必ずしも言えないが、主題について考えることは文学的な文章の授業においては重要な学習内容である。平成20年版学習指導要領国語には「主題」という語はないが、文学的な文章を読み、その主題について考えることの重要性に変化はないと考える。また、次に示すように、主題についての自分の考えをまとめることは、「C読むこと」の授業における大切な学習活動でもある。

■自分の考えの形成

文学的な文章の内容や表現方法、主題について、文章中の具体的な叙述をもとに、自分の考えを広げたり深めたりするとともに、それらについて自分なりの評価を行うことである。自分の考えをもつことは、国語科「C読むこと」の学習においてはきわめて重視すべき指導内容であり、指導者は常にこのことを意識して授業を進める必要がある。その際に、「なぜ」「どうして」そのように考えるのかと考えの根拠を繰り返し問うことにより、児童・生徒の考えを論理的に鍛えることも、きわめて重要な指導内容となる。

(3) 具体的な教材に即して

本書で以下に取り上げる『少年の日の思い出』(ヘルマン＝ヘッセ　高橋健二・訳)、『走れメロス』(太宰治)、『故郷』(魯迅　竹内好・訳)は、いずれも中学校国語の定番教材である。教師にとってはおなじみの教材であるが、教科書によって初めてこれらの作品を知り、ヘッセや太宰治、魯迅らに出会う中学生は多い。そして、かなりの数の生徒がこれらの作品に強く心を動かされるのである。私たち国語科教師は、生徒が読後に抱いた感想をあじけないものに変えてしまうような授業をしてはならない。スリルとサスペンスのある魅力的な授業を創造することによって、これら定番教材に対する生徒の興味・関心をより高める必要がある。このことを実現するためには、生徒がわかったつもりでいるが実は理解が不十分だったことに気づかせたり、当該教材に新たな光を当て生徒に新鮮な印象を与えたりする指導が重要になる。すなわち、生徒にとって、そして教師にとっても、スリルとサスペンスのある授業を創造する必要がある。そのためには、文学的な文章の指導方法として31～34ページに示した五つの各指導内容を含むとともに、指導のねらいと生徒の実態に応じた適切な学習課題を提示することが求められる。

以下、『少年の日の思い出』（ヘルマン＝ヘッセ　高橋健二・訳）、『走れメロス』（太宰治）、『故郷』（魯迅　竹内好・訳）での授業を、生徒にとってスリルとサスペンスのある魅力的なものにするための「指導方法」と「学習課題」について具体的に考える。

III

国語科授業にスリルとサスペンスを

――『少年の日の思い出』『走れメロス』『故郷』を例に

1 『少年の日の思い出』——エーミールに着目して

少年の日の思い出

ヘルマン＝ヘッセ　高橋健二《たかはしけんじ》・訳

客は夕方の散歩から帰って、わたしの書斎でわたしのそばに腰かけていた。昼間の明るさは消えうせようとしていた。窓の外には、色あせた湖が、丘の多い岸に鋭く縁取られて、遠くかなたまで広がっていた。ちょうど、わたしの末の男の子が、おやすみを言ったところだったので、わたしたちは子供や幼い日の思い出について話し合った。

「子供ができてから、自分の幼年時代のいろいろの習慣や楽しみごとがまたよみがえってきたよ。それどころか、一年前から、ぼくはまた、チョウチョ集めをやっているよ。お目にかけようか。」とわたしは言った。

彼が見せてほしいと言ったので、わたしは収集の入っている軽い厚紙の箱を取りに

5

行った。最初の箱を開けてみて、初めて、もうすっかり暗くなっているのに気づき、わたしはランプを取ってマッチを擦った。すると、たちまち外の景色は闇《やみ》に沈んでしまい、窓いっぱいに不透明な青い夜色に閉ざされてしまった。

わたしのチョウチョは、明るいランプの光を受けて、箱の中から、きらびやかに光り輝いた。わたしたちはその上に体をかがめて、美しい形や濃いみごとな色を眺め、チョウの名前を言った。

「これはワモンキシタバで、ラテン名はフルミネア。ここらではごく珍しいやつだ。」とわたしは言った。

友人は一つのチョウを、ピンの付いたまま、箱の中から用心深く取り出し、羽の裏側を見た。

「妙なものだ。チョウチョを見るくらい、幼年時代の思い出を強くそそられるものはない。ぼくは小さい少年のころ熱情的な収集家だったものだ。」と彼は言った。

そしてチョウチョをまたもとの場所に刺し、箱のふたを閉じて、「もう、けっこう。」と言った。

その思い出が不愉快ででもあるかのように、彼は口早にそう言った。その直後、わたしが箱をしまって戻ってくると、彼は微笑して、巻きたばこをわたしに求めた。

「悪く思わないでくれたまえ。」と、それから彼は言った。「きみの収集をよく見なかったけれど。ぼくも子供の時、むろん、収集していたのだが、残念ながら、自分でその思い出を汚してしまった。実際話すのも恥ずかしいことだが、ひとつ聞いてもらおう。」

　彼はランプのほやの上でたばこに火をつけ、緑色のかさをランプに載せた。すると、わたしたちの顔は、快い薄暗がりの中に沈んだ。彼が開いた窓の縁に腰かけると、彼の姿は、外の闇からほとんど見分けがつかなかった。わたしは葉巻を吸った。外では、カエルが遠くからかん高く、闇一面に鳴いていた。友人はその間に次のように語った。

　ぼくは、八つか九つの時、チョウチョ集めを始めた。初めは特別熱心でもなく、ただはやりだったので、やっていたまでだった。ところが、十歳ぐらいになった二度めの夏には、ぼくは全くこの遊戯のとりこになり、ひどく心を打ち込んでしまい、そのためほかのことはすっかりすっぽかしてしまったので、みんなは何度も、ぼくにそれをやめさせなければなるまい、と考えたほどだった。チョウを採りに出かけると、学校の時間だろうが、お昼ご飯だろうが、もう塔の時計が鳴るのなんか、耳に入らなかった。休暇になると、パンを一きれ胴乱に入れて、朝早くから夜まで、食事になんか帰らないで、駆け歩くことがたびたびあった。

今でも美しいチョウチョを見ると、おりおりあの熱情が身にしみて感じられる。そういう場合、ぼくはしばしの間、子供だけが感じることのできる、あのなんともいえぬ、むさぼるような、うっとりした感じに襲われる。少年のころ、初めてキアゲハに忍び寄った、あの時味わった気持ちだ。また、そういう場合、ぼくはすぐに幼い日の無数の瞬間を思い浮かべるのだ。強くにおう乾いた荒野の焼きつくような昼下がり、庭の中の涼しい朝、神秘的な森の外れの夕方、ぼくはまるで宝を探す人のように、網を持って待ち伏せていたものだ。そして美しいチョウを見つけると、特別に珍しいのでなくったってかまわない、日なたの花に止まって、色のついた羽を呼吸とともに上げ下げしているのを見つけると、捕らえる喜びに息もつまりそうになり、しだいに忍び寄って、輝いている色の斑点の一つ一つ、透きとおった羽の脈の一つ一つ、触角の細いとび色の毛の一つ一つが見えてくると、その緊張と歓喜ときたら、なかった。そうした微妙な喜びと、激しい欲望との入り交じった気持ちは、その後、そうたびたび感じたことはなかった。

ぼくの両親は立派な道具なんかくれなかったから、ぼくは自分の収集を、古いつぶれたボール紙の箱にしまっておかねばならなかった。びんの栓から切り抜いた丸いキルクを底に貼り付け、ピンをそれに留めた。こうした箱のつぶれた壁の間に、ぼくは自分の宝物をしまっていた。初めのうち、ぼくは自分の収集を喜んでたびたび仲間に見せたが、ほかの者はガラスのふたのある木箱や、緑色のガーゼを貼った飼育箱や、その他ぜいたくなものを持っていたので、自分の幼稚な設備を自慢することなんかできなかった。それどころか、重大で、評判になるような発見物や獲物があっても、ないしょにし、自分の妹たちだけに見せる習慣になった。

ある時、ぼくは、ぼくらのところでは珍しい青いコムラサキを捕らえた。それを展翅《てんし》し、乾いた時に、得意のあまり、せめて隣の子供にだけは見せよう、という気になった。それは、中庭の向こうに住んでいる先生の息子だった。この少年は、非のうちどころがないという悪徳をもっていた。それは子供としては二倍も気味悪い性質だった。彼の収集は小さく貧弱だったが、こぎれいなのと、手入れの正確な点で一つの宝石のようなものになっていた。彼はそのうえ、傷んだり壊れたりしたチョウの羽を、にかわで継ぎ合わすという、非常に難しい珍しい技術を心得ていた。とにかく、あらゆる点で、模範少年だった。そのため、ぼくはねたみ、嘆賞しながら彼を憎んでいた。

この少年にコムラサキを見せた。彼は専門家らしくそれを鑑定し、その珍しいことを認め、二十ペニヒぐらいの現金の値打ちはある、と値踏みした。しかしそれから、彼は難癖をつけ始め、展翅の仕方が悪いとか、右の触角が曲がっているとか、左の触角が伸びているとか言い、そのうえ、足が二本欠けているという、もっともな欠陥を発見した。

ぼくはその欠点をたいしたものとは考えなかったが、こっぴどい批評家のため、自分の獲物に対する喜びはかなり傷つけられた。それでぼくは二度と彼に獲物を見せなかった。

　二年たって、ぼくたちは、もう大きな少年になっていたが、ぼくの熱情はまだ絶頂にあった。そのころ、あのエーミールがヤママユガをサナギからかえしたという噂《うわさ》が広まった。今日、ぼくの知人の一人が、百万マルクを受け継いだとか、歴史家リヴィウスのなくなった本が発見されたとかいうことを聞いたとしても、その時ほどぼくは興奮しないだろう。ぼくたちの仲間で、ヤママユガを捕らえた者はまだなかった。ぼくは自分の持っていた古いチョウの本の挿し絵で見たことがあるだけだった。名前を知っていながら自分の箱にまだないチョウの中で、ヤママユガほどぼくが熱烈に欲しがっていたものはなかった。幾度となくぼくは本の中のあの挿し絵を眺めた。一人の友達はぼくにこう語った。「とび色のこのチョウが、木の幹や岩に止まっていると、鳥やほかの敵が攻撃しようとすると、チョウは畳んでいる黒みがかった前羽を広げ、美しい後ろ羽を見せるだけだが、その大きな光る斑点は非常に不思議な思いがけぬ外観を呈するので、鳥は恐れをなして、手出しをやめてしまう。」と。

　エーミールがこの不思議なチョウを持っているということを聞くと、ぼくはすっかり興奮してしまって、それが見られる時の来るのが待ちきれなくなった。食後、外出ができるようになると、すぐぼくは中庭を越えて、隣の家の四階に上っていった。そこに例の先生の息子は、小さいながら自分だけの部屋を持っていた。それがぼくにはどのくらいうらやましかったかわからない。途中でぼくは、だれにも会わなかった。上にたどり着いて、部屋の戸をノックしたが、返事がなかった。エーミールはいなかったのだ。ドアのハンドルを回してみると、入り口は開いていることがわかった。

　せめて例のチョウを見たいと、ぼくは中に入った。そしてすぐに、エーミールが収集をしまっている二つの大きな箱を手に取った。どちらの箱にも見つからなかったが、やがて、そのチョウはまだ展翅板に載っているかもしれないと思いついた。はたしてそこにあった。とび色のビロードの羽を細長い紙きれに張り伸ばされて、ヤママユガは展翅板に留められていた。ぼくはその上にかがんで、毛の生えた赤茶色の触角や、優雅で、果てしなく微妙な色をした羽の縁や、下羽の内側の縁にある細い羊毛のような毛などを、残らず間近から眺めた。あいにく、あの有名な斑点だけは見られなかった。細長い紙きれの下になっていたのだ。

　胸をどきどきさせながら、ぼくは紙きれを取りのけたい誘惑に負けて、針を抜いた。すると、四つの大きな不思議な斑点が、挿し絵のよりはずっと美しく、ずっとすばらしく、ぼくを見つめた。それを見ると、この宝を手に入れたいという逆らいがたい欲望を感じて、ぼくは生まれて初めて盗みを犯した。ぼくはピンをそっと引っぱった。チョウはもう乾いていたので、形は崩れなかった。ぼくはそれをてのひらに載せて、エーミールの部屋から持ち出した。その時、さしずめぼくは、大きな満足感のほか何も感じていなかった。

　チョウを右手に隠して、ぼくは階段を下りた。その時だ。下の方からだれかぼくの方に上がってくるのが聞こえた。その瞬間にぼくの良心は目覚めた。ぼくは突然、自分は盗みをした、下劣なやつだということを悟った。同時に、見つかりはしないかという恐ろしい不安に襲われて、ぼくは本能的に、獲物を隠していた手を、上着のポケットに突っ込んだ。ゆっくりとぼくは歩き続けたが、大それた恥ずべきことをしたという、冷たい気持ちに震えていた。上がってきたお手伝いさんと、びくびくしながらすれ違ってから、ぼくは胸をどきどきさせ、額に汗をかき、落ち着きを失い、自分自身におびえながら、家の入り口に立ち止まった。

　すぐにぼくは、このチョウを持っていることはできない、持っていてはならない、もとに返して、できるならなにごともなかったようにしておかねばならない、と悟った。そこで、人に出くわして見つかりはしないか、ということを極度に恐れながらも、急いで引き返し、階段を駆け上がり、一分の後にはまたエーミールの部屋の中に立っていた。

ぼくはポケットから手を出し、チョウを机の上に置いた。それをよく見ないうちに、ぼくはもうどんな不幸が起こったかということを知った。そして泣かんばかりだった。ヤママユガはつぶれてしまったのだ。前羽が一つと触角が一本なくなっていた。ちぎれた羽を用心深くポケットから引き出そうとすると、羽はばらばらになっていて、繕うことなんか、もう思いもよらなかった。

盗みをしたという気持ちより、自分がつぶしてしまった美しい珍しいチョウを見ているほうが、ぼくの心を苦しめた。微妙なとび色がかった羽の粉が、自分の指にくっついているのを、ぼくは見た。また、ばらばらになった羽がそこに転がっているのを見た。それをすっかりもとどおりにすることができたら、ぼくはどんな持ち物でも楽しみでも、喜んで投げ出したろう。

悲しい気持ちでぼくは家に帰り、夕方までうちの小さい庭の中に腰かけていたが、ついに一切を母にうち明ける勇気を起こした。母は驚き悲しんだが、すでにこの告白が、どんな罰を忍ぶことより、ぼくにとってつらいことだったということを感じたらしかった。「おまえは、エーミールのところに行かねばなりません。」と母はきっぱりと言った。「そして、自分でそう言わなくてはなりません。それよりほかに、どうしようもありません。おまえの持っている物のうちから、どれかを埋め合わせにより抜いてもらうように、申し出るのです。そして許してもらうように頼まねばなりません。」

あの模範少年でなくて、ほかの友達だったら、すぐにそうする気になれただろう。彼がぼくの言うことをわかってくれないし、おそらく全然信じようともしないだろうということを、ぼくは前もって、はっきり感じていた。かれこれ夜になってしまったが、ぼくは出かける気になれなかった。母はぼくが中庭にいるのを見つけて、「今日のうちでなければなりません。さあ、行きなさい！」と小声で言った。それでぼくは出かけていき、エーミールは、と尋ねた。彼は出てきて、すぐに、だれかがヤママユガをだいなしにしてしまった。悪いやつがやったのか、あるいはネコがやったのかわからない、と語った。ぼくはそのチョウを見せてくれと頼んだ。二人は上に上がっていった。彼はろうそくをつけた。ぼくはだいなしになったチョウが展翅板の上に載っているのを見た。エーミールがそれを繕うために努力した跡が認められた。壊れた羽は丹念に広げられ、ぬれた吸い取り紙の上に置かれてあった。しかしそれは直すよしもなかった。触角もやはりなくなっていた。そこで、それはぼくがやったのだと言い、詳しく話し、説明しようと試みた。

すると、エーミールは激したり、ぼくをどなりつけたりなどはしないで、低く、ちぇっと舌を鳴らし、しばらくじっとぼくを見つめていたが、それから「そうか、そうか、つまりきみはそんなやつなんだな。」と言った。

ぼくは彼に、ぼくのおもちゃをみんなやると言った。それでも彼は冷淡にかまえ、依然ぼくをただ軽蔑《けいべつ》的に見つめていたので、ぼくは自分のチョウの収集を全部やると言った。しかし彼は、「けっこうだよ。ぼくはきみの集めたやつはもう知っている。そのうえ、今日また、きみがチョウをどんなに取り扱っているか、ということを見ることができたさ。」と言った。

その瞬間、ぼくはすんでのところであいつののどぶえに飛びかかるところだった。もうどうにもしようがなかった。ぼくは悪漢だということに決まってしまい、エーミールはまるで世界のおきてを代表でもするかのように、冷然と、正義をたてに、侮るように、ぼくの前に立っていた。彼はののしりさえしなかった。ただぼくを眺めて、軽蔑していた。

その時初めてぼくは、一度起きたことは、もう償いのできないものだということを悟った。ぼくは立ち去った。母が根ほり葉ほりきこうとしないで、ぼくにキスだけして、かまわずにおいてくれたことをうれしく思った。ぼくは、床にお入り、と言われた。ぼくにとってはもう遅い時刻だった。だが、その前にぼくは、そっと食堂に行って、大きなとび色の厚紙の箱を取ってき、それを寝台の上に載せ、闇の中で開いた。そしてチョウを一つ一つ取り出し、指でこなごなに押しつぶしてしまった。

二〇〇六年度版『伝え合う言葉　中学国語1』（教育出版）による

『少年の日の思い出』という教材は、国語科教師にとっては扱いにくい教材の一つではないだろうか。少なくとも私にはこの教材は難しかった。かつて教員であったころ、中学校一年生にこの小説の内容を理解させるとともに、学習指導要領の指導事項に示されている言語能力を身に付けさせるために、どのように授業を展開していけばよいのかわからず、試行錯誤を重ねるばかりであった。

本稿は、そんな苦い思い出のある『少年の日の思い出』を「全体から部分へ、部分から全体へ」という指導方法のもと、「スリルとサスペンス」を意識した学習課題を設定し、共感的かつ対峙的に読み進めさせること（対峙的読み＝クリティカル・リーディング）で魅力的な授業を創造することがねらいである。

学習課題1　エーミールは悪い子か

『少年の日の思い出』の印象を尋ねると、多くの生徒が「エーミールって嫌なやつだ」とためらうことなく答えることが多い。登場人物に対する好き嫌いは、それぞれの読者が独自に抱く感情だから、エーミールを嫌いな生徒がいてもいい。しかし、エーミール嫌いの生徒が圧倒的に多いのが気にかかる。はたしてエーミールは、誰からも嫌われるほどに悪い子なのだろうか。盗みをしたのはエーミールではなく、「ぼく」ではないのか。エーミールは「宝石」のように大切にしていたチョウを「ぼく」にだいなしにされこそすれ、「ぼく」に対してなんら悪いことはしていない。エーミールが「ぼく」の自慢である「コムラサキ」について「展翅《てんし》の仕方が悪いとか、右の触角が曲がっているとか、左の触角が伸びているとか言い、そのうえ、足が二本欠けている」（前掲した本文のL71～72、以下の行数表示も同）と指摘したのは、「ぼく」自身も認めるように「もっともな欠陥」なのである。少なくとも、この小説の中で、エーミールは「ぼく」が犯した盗みのような悪い行為はしてはいないのである。それなのに、なぜ多くの中学生は、盗みを犯した「ぼく」に同情的で、宝石のようなチョウをだいなしにされてしまったエーミールを「嫌なやつ」として嫌うのか。

いったい、エーミールとはどんな「少年」なのか。

エーミールは、「先生の息子」であり、「小さいながら自分だけの部屋を持って」いる、「非のうちどころがない」（L63～64）少年である。彼は文字どおりによい子で、「模範少年」なのである。非のうちどころのない少年、あらゆる点で模範少年であることを、少年としてどのように考えるかは、読み手である生徒個々の判断に任される部分であろう。少なくとも一方的に悪い、よいと断定はできない事柄と思われる。

一方、「ぼく」は、「模範少年」としてのエーミールを「ねたみ、嘆賞」している。ねたみ嘆賞しているだけでなく、「ぼく」は、エーミールに非のうちどころのないことを「悪徳」（L64）と思い、「子供としては二倍も気味悪い性質」と考えたり、「憎ん」だりもしているのである。エーミールに対して「ぼく」がこのように相反する二つの感情を抱くのはなぜなのか。この問いに答えるためには、15ページで「基礎的な知識・技能」として示した「カ　視点の転換」を活用する必要がある。

『少年の日の思い出』の回想部（L33～終わり）は、「ぼく」の視点から描かれ、価値づけられている。このことによって、読者である生徒は、ごく自然に「ぼく」の立場から「エーミール」を眺めることになる。その結果、生徒の描くエーミール像は、「ぼく」のエーミールに対する感情に強く影響されたものとなる。そのため、生徒の多くが「エーミール」に対する「ぼく」の感情をそのままに受け入れてしまい、エーミールを嫌ったり憎んだりしてしまうのだと考えられる。しかし、視点を転換して、逆にエーミールの立場から「ぼく」の考えや行動を判断し、価値づけたらどうなるのか。このような視点の転換は、小学校において『ごんぎつね』（第四学年）や『きつねの窓』（第六学年）などを扱った時に既に学習していると思われる。しかし、過剰な自我意識から生じる悩みを抱えることの多い中学校一年生に、改めて視点の転換について気づかせることとは、『少年の日の思い出』についての理解を深めさせ、また客観的な自己理解をも可能にさせることになる。さらに、「ぼく」とエーミールとの間に生じた出来事についても、「ぼく」の考えだけでなくエーミールの考えをも知ることで、より正確かつ客観的に理解することができるはずである。そのためにも、『少年の日の思い出』を扱う時には、ぜひ「エーミールになったつもりで、『ぼく』の気持ちや行動について考える」という学習活動を生徒に体験させることが大切である。自らの過ちを謝罪に来たにもかかわらず、「その瞬間、ぼくはすんでのところであいつののどぶえに飛びかかるところだった」(L158)というような様子や雰囲気を漂わせている少年の姿は、エーミールの目にどのように映っているのだろうか。ぜひともエーミールの視点から眺めてみたい場面である。このような学習活動を展開すれば、生徒のエーミールに対する評価もまた幅広いものとなることが期待できるのではないか。

『少年の日の思い出』の一読後には、既に生徒はエーミールに対する自分なりの印象を抱いているはずである。その大体ではあってもほぼまとまりつつある印象が、文章のどの叙述から形成されたのかを考えることが、「全体から部分へ」である。そして、それぞれの部分としての叙述を正確に理解していくことで、その結果としての全体像が適切であったかどうかを検討するのが、「部分から全体へ」である。このような学習活動の繰り返しが、「全体から部分へ、部分から全体へ」

の学習活動となる。

『少年の日の思い出』における具体的な学習活動としては、エーミールの立場から、「ぼく」とのやりとりを日記ふうに書かせるという言語活動が考えられる。このような学習活動によって、第一学年「C読むこと」の指導事項「ウ　場面の展開や登場人物などの描写に注意して読み、内容の理解に役立てること」にかかわる言語能力を育成することができる。

なお、ここに示したエーミールの立場から「ぼく」を眺めさせることで、生徒にさまざまなことに気づかせ、読みを深めていった授業として、神奈川県川崎市立川崎中学校における黒尾敏教諭の優れた実践がある。

学習課題2　「ぼく」はどうしてエーミールを憎むのか

「ぼく」とエーミールはこの小説における主な登場人物である。この二人の共通点や相違点について考えることは、登場人物を理解するための基本的な学習活動である。そして、二人の違いについて明らかにする学習活動をとおして、例えば、第一学年「C読むこと」の指導事項「エ　文章の構成や展開、表現の特徴について、自分の考えをもつこと」にかかわる言語能力を育成することができる。

一般的に二人の登場人物の性格や行動についての理解を深めるためには、15ページに示した「基礎的な知識・技能」としての「イ　比較・対照」を活用することが効果的である。

さっそくこの二人を比べてみることにする。

エーミールは、「あらゆる点で、模範少年」（L67～68）である。それに対して、「ぼく」は、チョウの収集に「ひどく心を打ち込んでしまい、そのためほかのことはすっかりすっぽかしてしまったので、みんなは何度も、ぼくにそれをやめさせなければなるまい」（L35～37）と思わせたり、「チョウを採りに出かけると、学校の時間だろうが、お昼ご飯だろうが、もう塔の時計が鳴るのなんか、耳に入らな」（L37～38）くなってしまったりする少年である。また、美しいチョウを見ると、「子供だけが感じることのできる、あのなんともいえぬ、むさぼるような、うっとりした感じに襲われる」（L42～43）少年でもある。このように「ぼく」は、模範少年とは対照的な少年なのである。

「ぼく」の熱情の対象は、美しいチョウを捕らえ、それを自分のものにすることである。一方、エーミールにとってチョウはどのような意味をもっていたのか。エーミールのチョウの収集は、「小さく貧弱だったが、こぎれいなのと、手入れの正確な点で一つの宝石のようなものになって」（L65～66）いた。また、エーミールは、「傷んだり壊れたりしたチョウの羽を、にかわで継ぎ合わすという、非常に難しい技術を心得て」（L66～67）もいる少年である。これらのことから、エーミールがチョウを珍しい貴重なものとして大切に扱っていることがわかる。

このようにお互いにチョウの収集に打ち込んではいるが、「ぼく」とエーミールとでは、チョウに対する考え方に違いがある。「ぼく」は、前述したように、美しいチョウを見ると、「子供だけが感じることのできる、あのなんともいえぬ、むさぼるような、うっとりした感じに襲われる」のである。だからこそ、「エーミールがヤママユガをサナギからかえしたという噂が広まった」時に、「今日、ぼくの知人の一人が、百万マルクを受け継いだとか、歴史家リヴィウスのなくなった本が発見されたとかいうことを聞いたとしても、その時ほどぼくは興奮しないだろう」（L77～79）と思うのだ。それに対して、エーミールは、「ぼく」の捕らえた「珍しい青いコムラサキ」に対して、「専門家らしくそれを鑑定し、その珍しいことを認め、二十ペニヒぐらいの現金の値打ちはある、と値踏み」（L69～70）するのである。チョウに対する二人の考えの違いは大きい。「百万マルク」の遺産よりも「ヤママユガ」に興奮するのは、「ぼく」にとってチョウはお金に置き換えることなどできないことを意味している。対照的にエーミールは、「コムラサキ」を専門家らしく鑑定し、「二十ペニヒぐらいの現金の値打ちはある」とその価値をお金に換算して示すのである。宝物とは、値段の高低で決まるのではない。宝物は、子供にとってそれがほかの何ものにも代え難いからこそ宝物になるのだ。一方、エーミールにとっては、珍しい青いチョウ（「ぼく」にとっては宝物のようなチョウ）でも、「二十ペニヒ」すなわち「お金」と交換可能なのである。エーミールにとってチョウは、唯一の存在としての「宝物」ではないのだ。このようにチョウに対する「ぼく」の判断基準はあくまで自分の思いであり、エーミールの判断基準は世間の常識なのだ。それにしても、「二十ペニヒ」と「百万マルク」、なんという違いであることか。

ところで、あらゆるものをお金によって価値づけ、評価しようとするのはどのような人間か。それは言わずとしれた大人社会の住人たちである。そうなのだ、エーミールという「少年」は確かに少年ではあるが、その考え方においては既に大人なのだ。「二年たって、ぼくたちは、もう大きな少年になって」はいるが、チョウに対しては「子供だけが感じることのできる」熱情が「まだ絶頂にあった」（L75～76）という「ぼく」とエーミールとでは、住む世界が異なっているのである。盗みを犯し、ヤママユガをだいなしにしてしまったことを謝る「ぼく」の前に、「まるで世界のおきてを代表でもするかのように、冷然と、正義をたてに、侮るように、ぼくの前に立って」（L160～161）いるエーミールの姿こそ、罪を犯した子供たちの前に立ちはだかる大人の姿そのものである。自分の思うままに行動する子供なら一つや二つの欠点を指摘されて当然なのに、エーミールはまるで大人のように「非のうちどころがない」のである。だからこそ「ぼく」は、エーミールを「子供としては二倍も気味悪い」少年と思うことになるのだ。ここで大切なことは、「二倍も気味悪い」と思うのは、あくまでも「子供としては」である。大人としてならば、エーミールの性質や態度は決して気味の悪いものではない、いや、大人として考えれば、「ぼく」よりも「エーミール」のほうが好ましいとも考えられる。

チョウに対する「ぼく」とエーミールの違いが明らかになったところで、次に、盗みを犯してからの「ぼく」の気持ちや考えの変化について考えてみる。なぜか。それはそこに示されている「ぼく」の気持ちや考えの変化が、「ぼく」が少年の世界から大人の世界へと、すなわち、「ぼく」の世界からエーミールの世界へと変化していく姿を示しているからである。

この「ぼく」の気持ちや考えの変化についての学習においても、少年の世界から大人の世界への移行という「全体」から、その時々の気持ちの変化を示している「部分」へと学習活動を展開することが有効である

(ア) その時、さしずめぼくは、大きな満足感のほか何も感じていなかった。(L107~108)

(イ) 盗みをしたという気持ちより、自分がつぶしてしまった美しい珍しいチョウを見ているほうが、ぼくの心を苦しめた。(L126~127)

(ウ) それをすっかりもとどおりにすることができたら、ぼくはどんな持ち物でも楽しみでも、

喜んで投げ出したろう。（L129～130）

(エ)　その瞬間、ぼくはすんでのところであいつののどぶえに飛びかかるところだった。（L158）

(オ)　その時初めてぼくは、一度起きたことは、もう償いのできないものだということを悟った。（L162～163）

(ア)から(ウ)までの「ぼく」は、盗みという、大人の世界では絶対に許されない行為をしたにもかかわらず、その罪をほとんど意識していない。盗みをしたにもかかわらず、「ぼく」の心の中を占めているのは「美しい珍しいチョウ」を手に入れた「満足感」や、それをつぶしてしまったことの苦しみなのである。(ウ)にも注意したい。「ぼく」が「どんな持ち物でも楽しみでも、喜んで投げ出」すのは、盗みをしたという罪を償うためではなく、ばらばらになってしまった「ヤマママユガ」を「もとどおりにする」ためなのである。このように(ア)から(ウ)に示されている「ぼく」の姿は、いかにもチョウの収集に熱中している少年の思いや考えである。この(ア)(イ)(ウ)から(エ)(オ)への変化こそが、少年から大人への道のりである。「ヤママユガ」を盗み、だいなしにしてしまった少年が、「ヤママユガ」の持ち主であるエーミールを「あいつ」と呼び捨てにしたうえで、すんでのところで「のどぶえに飛びかか」ろうとしたのである。「ぼく」は自分の盗みと「ヤママユガ」をだいなしにしてしまったこととをエーミールに容赦なく指摘され、自分ではどうしようもない状況に追い込まれてしまったのだ。さしずめ幼いだだっ子であれば、こぶしを固めて泣きながら母親にむしゃぶりついていくところであろう。しかし、「もう大きな少年」である「ぼく」は、さすがにそんなことはできない。一度はエーミールの「のどぶえに飛びかか」ろうとしたが、「もうどうにもしようがなかった」(L158～159)のだ。まさに、今、少年時代は過ぎつつあるのだ。「ぼく」は、「まるで世界のおきてを代表でもするかのように、冷然と、正義をたてに、侮るように、ぼくの前に立って」いるエーミールを見て、初めて悟るのである。何を悟ったのか。それは「一度起きたことは、もう償いのできないものだということ」(L162)である。これこそが大人の世界の常識なのである。そのことに気づいた「ぼく」にできることは、大人世界のその常識を認め、ただ黙ってエーミールの前から「立ち去」ることだけだったのである。

「ぼく」がどうしてエーミールを憎むのか、もう明らかである。少年である「ぼく」は大人としてのエーミールの行動や考え方を理解することができなかったのだ。そのうえ「ぼく」は、エーミールの大人としての存在感に無言の圧迫を加えられていたのだ。だからこそ、「ぼく」は、少年が大人に対して感じるような、あこがれと憎しみという相反する二つの感情をエーミールに対して抱いていたのである。この矛盾した「ぼく」のエーミールに対する気持ち、それこそが、彼の「非のうちどころがない」ことを「悪徳」と考えさせたり、「子供としては二倍も気味悪い性質」と感じさせたり、あるいは彼に対して「ねたみ」や「嘆賞」などの感情を抱かせたりしたのである。

読み手としての中学校一年生は、ちょうど少年時代に別れを告げて、大人社会への扉に手をかけたところである。この小説の読みをとおして、「ぼく（少年）」と「エーミール（大人）」の違いについてじっくりと考えさせることは興味深い活動である。このような学習活動をとおして、第一学年「C読むこと」の指導事項「オ　文章に表れているものの見方や考え方をとらえ、自分のものの見方や考え方を広くすること」などにかかわる言語能力を育成することができる。

学習課題1及び**学習課題2**は、それぞれ23ページ「文学的な文章において指導する事柄」の「①事件や出来事の大まかな内容を理解させる（文章全体の大体の理解）」をもとに、「②　文章全体の内容及び表現という観点から、事件や出来事の意味……、登場人物の特徴について検討させる（全体から部分へ）」への発展を意図したものである。**学習課題1**及び**学習課題2**に取り組むことにより、文章の全体及び部分の理解がより確かなものになることが期待できる。

■エーミールのためのいささかの弁護と「ぼく」の勇気、そして「母親」

中学生には、冷たい人間と見られがちなエーミールであるが、この少年はずいぶんと客観的に事態を眺めることができる少年である。（このこともエーミールの「大人」としての性質や能力を示しているのであるが。）謝罪のために現れた「ぼく」にエーミールは、「だれかがヤママユガをだいなしにしてしまった。悪いやつがやったのか、あるいはネコがやったのかわからない」（L143〜144）と語るのである。すぐに他人を疑うのではなく、「ネコがやった」可能性をも考えられるほどに、エーミールは客観的で、公平な態度の持ち主なのだ。私たちは、自分の「宝石」がだいなしにされてしまった時に、このように冷静に、客観的に判断できるだろうか。やはり、エーミールは「模範少年」なのである。

一方、謝罪のためにエーミールを訪れた「ぼく」にとって、エーミールのこの言葉はどのように聞こえたであろうか。誰にとっても、自分が盗みを犯したことや他人の「宝石」をだいなしにしてしまったことを自分から相手に伝え、その許しを乞《こ》うことは勇気のいることである。しかも、その相手が、犯人は「ネコ」かも知れないと言っているのだ。自分が謝らずともネコのせいにしてその場は切り抜けられそうなのだ。（あとで、母には謝ったと言っておくことにして。）この誘惑に打ちかった「ぼく」も、やはり勇気のあるすばらしい少年なのである。

そして、「おまえは、エーミールのところに行かねばなりません」ときっぱりと言いつつ、その結果を「根ほり葉ほりきこうとしないで、ぼくにキスだけして、かまわずにおいてくれ」る母親も、また魅力的な「大人」として描かれている。「大人」になることは、決して負のイメージばかりではない。このことは、前書き部分（初め〜L31）に登場する「わたし」もまた同じである。

このように各登場人物（回想部の「ぼく」と「エーミール」、前書き部分の「わたし」と「客（＝『ぼく』）」）、それぞれに魅力があるのであり、「少年」から「大人」へと歩み出すことは、失うものがあるとともに、得るものもまた大きいのである。

学習課題3　闇の中でつぶしたのはチョウ？　それとも……

『少年の日の思い出』の最後の場面は、多くの中学生にとって印象深いものと思われる。特に、「ぼく」が、それまで宝物のように大切にしていたチョウを暗闇の中で一つずつ押しつぶしていく場面は、中学生の心に強く残るようである。かつて私の授業において（平成20年3月、群馬大学教育学部附属中学校第一学年）、この時の「ぼく」の気持ちや思いについてどう思うか尋ねたところ、おおよそ次のような答えを得た。

・「盗みをしてしまったことへの後悔の思い」
・「チョウチョ集めをもうやらないという気持ち」
・「エーミールのヤママユガをだいなしにしてしまったことへのおわびの気持ち」

これらの考えと前述の**学習課題1**及び**学習課題2**とを関連づけることにより、生徒にこの時の「ぼく」の気持ちや考えについてもさらに深く考えさせることが可能である。また、この場面の解釈を深めることは、わかったつもりでいた生徒にほかにも解釈の可能性があることに気づかせることにより、スリルとサスペンスのある国語科授業を作り出すことにつながる。

母親に「床にお入り」と言われたのは、「ぼくにとってはもう遅い時刻」（L166～167）であり、その日一日が終わって眠りにつくべき時刻だったのだ。それなのに、「ぼく」は「そっと食堂に行って」宝物のように大切にしていたチョウを取り出し、「指でこなごなに押しつぶして」（L167）しまうのである。それも「一つ一つ取り出し」ながら。この時、「ぼく」に取り出された一つ一つのチョウは「ぼく」の心にどのような思い出をよみがえらせていたのだろうか。

「ぼく」は大人になった今でも、「美しいチョウチョを見ると、おりおりあの熱情が身にしみて感じられる。そういう場合、ぼくはしばしの間、子供だけが感じることのできる、あのなんともいえぬ、むさぼるような、うっとりした感じに襲われる」（L41～43）のだ。そして、「すぐに幼い日の無数の瞬間を思い浮かべる」のである。大人になった今でもそうなのである。ましてや「熱情はまだ絶頂にあった」少年時代であればなおさらのことであろう。「ぼく」は闇の中でチョウを一つ取り出すごとに、幼い日のあの無数の瞬間の中から、そのチョウに忍び寄り、網で捕らえる瞬間の「緊張と歓喜」を思い出していたにちがいない。その瞬間とは、「まるで宝を探す人のように、網を持って」チョウを待ち伏せしていた「強くにおう乾いた荒野の焼きつくような昼下がり」であり、「庭の中の涼しい朝」であり、「神秘的な森の外れの夕方」（L45～46）である。そして、このような「無数の瞬間」は、「子供だけ」が感じることのできるなんともいえない瞬間なのだ。「ぼく」は、「闇の中」でチョウを一つずつこなごなに押しつぶしながら、「強くにおう乾いた荒野の焼きつくような昼下がり」や「庭の中の涼しい朝」や「神秘的な森の外れの夕方」などの無数の瞬間とともに、その時に味わった「子供だけが感じることのできる、あのなんともいえぬ、むさぼるような、うっとりした感じ」をもこなごなに押しつぶしていたのだ。

この教材を用いた授業で、生徒に『少年の日の思い出』という「題名」について考えさせたことがある。その際多くの生徒が、「少年の日」の「日」は、「少年の一日」ではなくて「少年時代」と把握していることがわかった。そうなのである。題名の「日」は、「時代」と同様の意味なのだ。大人になってから、自らの「少年時代」を思い出しているのである。闇の中で少年時代の象徴であった宝物としてのチョウを一つずつこなごなに押しつぶしてしまう行為こそ、少年時代に自ら別れを告げる決意の表れなのだ。『少年の日の思い出』は、少年時代への決別を告げる小説なのだ。このように考えてこそ、「その時初めてぼくは、一度起きたことは、もう償いのできないものだということを悟った」（L162〜163）という言葉の意味も明らかになる。この言葉の意味は、ことさら悟るほどのことではなく、当然のことである。誰にとって当然なのか。もちろん私たち大人にとってである。冷淡な、軽蔑した目でエーミールに見つめられるまで、「ぼく」は謝れば許してもらえる幸せな世界や時代を生きていたのである。それは、百万マルクよりも一匹のヤママユガに魅了される世界であり、チョウに対して「微妙な喜びと、激しい欲望」（L51〜52）とを抱くことを許される時代である。しかし今、「ぼく」の前には、「世界のおきてを代表でもするかのように、冷然と、正義をたてに、侮るように」エーミールが立っている。そして、「ぼく」はそのようなエーミールを前にして、ただ「立ち去」ることしかできないのだ。今や「ぼく」は、「一度起きたことは、もう償いのできない」ことを悟り、少年時代に別れを告げ、大人の世界へと歩み出すことを迫られているのだ。

この**学習課題3**は、23ページ「文学的な文章において指導する事柄」の「③　事件・出来事からイメージされる物語・小説の主題について考えさせる（部分から全体へ）」を意図したものである。

第一学年「C読むこと」の指導事項「オ　文章に表れているものの見方や考え方をとらえ、自分のものの見方や考え方を広くすること」にかかわる学習活動の展開が期待できる。

学習課題4　表現の効果を考えよう

その1　前書きと後書き

前書きと後書きがある、いわゆる「額縁《がくぶち》構造」の小説や物語について、生徒は既に小学校で学習してきていると思われる。しかし、中学校一年生のこの時期に改めて確認しておくのも、基本的な知識・技能の習得あるいはその定着を図るうえで大切なことである。

一般的に額縁構造の小説においては、その「額縁」（前書きや後書き）の果たす役割に注意して読む必要がある。「額縁」があるのとないのとでは、文章内容そのものが大きく変わってくるからである。例えば、小学校教材として定番である『大造じいさんとがん』（椋鳩十《むくはとじゅう》作）でも、前書きのある教材（例えば光村図書版）とない教材（例えば教育出版版）とがあるが、前書きの有無が「大造じいさん」の人物設定そのものを大きく左右しかねないことは周知のことであろう。また、芥川龍之介《あくたがわりゅうのすけ》の『トロッコ』でも、昭和30年代の教科書では後書きが省略されているものもあるが、やはり、後書きがあるのとないのとによって、作品の印象が大きく左右されることになる。

前書き、後書きの効果について考える際には、まず一般的にどのような効果が「額縁」にあるのか考える必要がある。ここでは絵画を例にするのがわかりやすいであろう。私たちが美術館で目にする絵画はそれぞれの「額縁」に収まっている。そこでは、額縁は当該絵画をそれを取り巻く空間から截然《せつぜん》と切り離す役目を果たしているとともに、その絵の印象がより強くなるように、その大きさや色彩が工夫されていることがわかる。ほかから切り離すとともに、その絵をいっそう印象的にすることが絵画における額縁の役割である。そして、このことは小説や物語においても同様である。このような前提で『少年の日の思い出』を読むと、「前書き」（初め～L31）はあるが、「後書き」がないことに気づく。前書きのみあって後書きがないことは、この小説にどのような効果をもたらしているのか、そしてこのことは、読者である中学生にどのようなイメージを与えているのか、そのことを中学生に考えさせることが、『少年の日の思い出』の表現方法について「熟考・評価」する学習活動となる。

この『少年の日の思い出』の額縁構造については、昨年、「なぜ後書きがないのか考えよう」という学習課題として取り上げ、授業したことがある。ある生徒が、「後書きによってはっきりと区別されないことで、この小説の終わりの部分がまだ続いている感じがする」と指摘し、多くの生徒の賛同を得た。確かにそのとおりだと思う。それでは、後書きのないことで、この小説の終わりは「誰に」あるいは「どこに」続いているのか。まず「誰に」続いているのか。もちろん、読み手としての一人一人の生徒にである。暗闇の中で、自分にとっての宝物であるチョウを一つずつつぶし終えた「ぼく」のこれからは、読み手としての中学校一年生の心にそのまま続いているのだ。少年から大人に近づいていく中学校一年生にこの小説を提示する価値は、ここにあると思われる。次に、「どこに」続いているのか。実は後書きのないことでこの小説の終わりは、前書きにつながっていくと考えられる。この前書きは、読者を回想部へと導いていく前書きとしての役割を果たしつつ、「ぼく」のその後の姿としての「客」を登場させることで、後書きの役割をも果たしていることがわかる。すなわち『少年の日の思い出』は、前書きに誘われて少年時代の回想部へと読み進め、回想部を読み終えるとともに前書きに示されている実質的な後書きへと

少年の日の思い出

一年　組	番
名前	

学習課題４　表現の効果を考えよう

作品の後書き（現在の場面）を考え、「額縁小説」を完成させよう

■ 客の思い出話を聞き終えた「わたし」は、客に対してどのようなことを話すだろうか。「後書き」（現在の場面）を二百字程度で書いてみよう。

■ なぜこの作品には「後書き」（現在の場面）がないのだろうか。「後書き」がないことの効果（よしあし）について、あなたの考えを書きなさい。

わたしは、「後書き」（現在の場面）が［　　　］ほうがいいと思います。

その理由は、［　　　］からです。

読者の意識が戻ってくるという、循環する構成になっているのである。

このように『少年の日の思い出』の最終部分は、読み手としての中学校一年生の今日にそのまま続いているとともに、何十年後かの「客」の姿にも続いているのである。こう考える時、「子供ができてから、自分の幼年時代のいろいろの習慣や楽しみごとがまたよみがえってきたよ。それどころか、一年前から、ぼくはまた、チョウチョ集めをやっているよ。お目にかけようか」（L5～7）という幸せそうな「わたし」と、「そしてチョウチョをまたもとの場所に刺し、箱のふたを閉じて、『もう、けっこう。』と言った」（L21～22）というどこか暗いところの感じられる「客」という対照的な二人の人物の果たしている役割も明らかになる。あの日、闇の中で、「チョウチョを一つ一つ取り出し、指でこなごなに押しつぶし」た少年は、「わたし」のように幸せそうな大人でもなく、回想部に登場する「母親」のように強さと優しさを感じさせる大人でもなく、どこか暗く、孤独を思わせる大人になっていることが前書きから伝わってくる。このことは『少年の日の思い出』の前書きの意味を考える時の大きな課題になるであろう。たとえ少年時代にチョウの収集に熱中するとしても、エーミールのようにではなく、そして、「ぼく」のようにでもない熱中の仕方があるはずなのだ。チョウ集めをそのようにできた少年が、大人になってからもう一度「自分の幼年時代のいろいろの習慣や楽しみごと」をよみがえらせることができる、幸せな大人になれるのではないだろうか。もっとも「実際話すのも恥ずかしいことだが、ひとつ聞いてもらおう」（L27）と友人に語り始めたことで、この「客」は少年時代の不愉快な思い出をぬぐい去り、新しい出発ができるのかもしれないのだが。

その2 「宝物」と「宝石」の違いを考えよう

この学習課題は、既に多くの授業で取り上げられていると思われるので、簡単に説明することにする。

「宝石」という言葉から連想するのは、ルビーやダイヤモンドなどであろう。いずれも宝石店の店頭に飾られているものである。例えば、宝石についての「産出量が少なく硬質で美しいために、装飾用などに珍重される鉱物」（『岩波国語辞典　第四版』）という解説は、私たちのこのような連想を裏付けている。そして、いずれの宝石にも共通するのは、それらが鉱物であり、珍重されるがゆえに、誰に対しても等しく高価な値段で取り引きされているということである。

一方、「宝物」とは、必ずしも高価な価値を有しているというものではない。宝物は、その物に対する思い入れの強弱で決定される。それはある子供にとっては「ポケモン」として、また、ある子供にとっては「テレビゲーム」として存在することになる。幼稚園にいるとしばしば、母親が我が子を抱きしめつつ、「〇〇ちゃんは、ママの宝物」と言っている光景に出会う。まさに宝物である。「〇〇ちゃん」は、一人一人の母親にとってみな異なっているのだから。宝物の意味が「宝とするもの」(同辞典)とあるように、何を宝とするかは、一人一人異なるのである。「ぼく」が、美しいチョウであれば「特別に珍しいのでなくったって」捕らえて、それを宝物のように思うのは、ほかの誰でもなく、まさに「ぼく」にとっての宝物だからである。「コムラサキ」に対する「ぼく」とエーミールの考え方の違いを思い出す必要がある。「ぼく」にとっては、美しいがゆえに「宝物」と考えるのであり、「足が二本欠けて」いようがいまいが「宝とする」のである。だが、エーミールのようにチョウを「宝石」として扱ううえでは、「足が二本欠けているという」欠陥は、宝石としての価値を減少させることになる。エーミールが、「コムラサキ」を専門家らしく鑑定し、二十ペニヒくらいの値打ちはあると値踏みするのは、エーミールが、チョウを「宝石」として考えていることのあかしになろう。このように考えてみると、訳者高橋健二が、「宝物」と「宝石」とを適切に使い分けていることがわかる。ちなみに、原文における「宝物」と「宝石」は、それぞれ「Schatz」「Juwel」であり、「Schatz　大切にしているものや人」「Juwel　宝石、装身具」という語の意味からも、高橋健二の訳の適切さがわかるのである。

この「宝物」と「宝石」という表現の違いについて取り上げることは、表現の効果を考えるうえでも、また、チョウを「宝物」と考える「ぼく」と、チョウを「宝石」と考えるエーミールの違いを考えるうえでも有効である。

「表現効果」というからには、その表現方法が通常とは異なる強い印象を読み手としての中学生に与えているはずである。したがって、「表現効果」について考えさせる学習活動においては、まず一人一人の生徒が抱いた印象を確認させ、なぜそのような印象をもったのかを叙述を踏まえつつ検討させることが大切である。そして、自分なりに根拠が確認できたらその考えを発表させ、相互に交流させることで、生徒相互の論理的な思考力が鍛えられるとともに、それぞれの印象もいっそう鮮明なものになるはずである。このような学習活動は、第一学年「C読むこと」に新設された指導事項「エ　文章の構成や展開、表現の特徴について、自分の考えをもつこと（自分の考えの形成）」にかかわる活動である。

2 『走れメロス』——ディオニスに着目して

走れメロス

太宰《だざい》 治《おさむ》

メロスは激怒した。必ず、かの邪知暴虐の王を除かなければならぬと決意した。メロスには政治がわからぬ。メロスは、村の牧人である。笛を吹き、羊と遊んで暮らしてきた。けれども邪悪に対しては、人一倍に敏感であった。今日未明メロスは村を出発し、野を越え山越え、十里離れたこのシラクスの町にやってきた。メロスには父も、母もない。女房もない。十六の、内気な妹と二人暮らしだ。この妹は、村のある律儀な一牧人を、近々、花婿《はなむこ》として迎えることになっていた。結婚式も間近なのである。メロスは、それゆえ、花嫁の衣装やら祝宴のごちそうやらを買いに、はるばる町にやってきたのだ。まず、その品々を買い集め、それから都の大路をぶらぶら歩いた。メロスには竹馬の友があった。セリヌンティウスである。今はこのシラクスの町で、石工をしている。その友を、これから訪ねてみるつもりなのだ。久しく会わなかったのだから、訪ねていくのが楽しみである。歩いているうちにメロスは、町の様子を怪しく思った。ひっそりしている。もうすでに日も落ちて、町の暗いのはあたりまえだが、けれども、なんだか、夜のせいばかりではなく、町全体が、やけに寂しい。のんきなメロスも、だんだん不安になってきた。道で会った若い衆をつかまえて、何かあったのか、二年前にこの町に来た時は、夜でも皆が歌を歌って、町はにぎやかであったはずだが、と質問した。若い衆は、首を振って答えなかった。しばらく歩いて老爺《ろうや》に会い、今度はもっと、語勢を強くして質問した。老爺は答えなかった。メロスは両手で老爺の体を揺すぶって質問を重ねた。老爺は、辺りをはばかる低声《こごえ》で、わずか答えた。

「王様は、人を殺します。」

「なぜ殺すのだ。」

「悪心を抱いている、というのですが、だれもそんな、悪心をもってはおりませぬ。」

「たくさんの人を殺したのか。」

「はい、初めは王様の妹婿様を。それから、ご自身のお世継ぎを。それから、妹様を。それから、妹様のお子様を。それから、皇后様を。それから、賢臣のアレキス様を。」

「驚いた。国王は乱心か。」

「いいえ、乱心ではございませぬ。人を、信ずることができぬ、と言うのです。このごろは、臣下の心をも、お疑いになり、少しくはでな暮らしをしている者には、人質一人ずつ差し出すことを命じております。ご命令を拒めば十字架にかけられて、殺されます。今日は、六人殺されました。」

聞いて、メロスは激怒した。「あきれた王だ。生かしておけぬ。」

メロスは、単純な男であった。買い物を、背負ったままで、のそのそ王城に入っていった。たちまち彼は、巡邏《じゅんら》の警吏に捕縛された。調べられて、メロスの懐中からは短剣が出てきたので、騒ぎが大きくなってしまった。メロスは、王の前に引き出された。

「この短刀で何をするつもりであったか。言え！」暴君ディオニスは静かに、けれども威厳をもって問いつめた。その王の顔は蒼白《そうはく》で、眉間《みけん》のしわは、刻み込まれたように深かった。

「町を暴君の手から救うのだ。」とメロスは悪びれずに答えた。

「おまえがか？」王は、憫笑《びんしょう》した。「しかたのないやつじゃ。おまえには、わしの孤独がわからぬ。」

「言うな！」とメロスは、いきりたって反駁《はんばく》した。「人の心を疑うのは、最も恥ずべき悪徳だ。王は、民の忠誠をさえ疑っておられる。」

「疑うのが、正当の心がまえなのだと、わしに教えてくれたのは、おまえたちだ。人の心は、あてにならない。人間は、もともと私欲の塊さ。信じては、ならぬ。」暴君は落ち着いてつぶやき、ほっとため息をついた。「わしだって、平和を望んでいるのだが。」

「なんのための平和だ。自分の地位を守るためか。」今度はメロスが嘲笑した。「罪のない人を殺して、何が平和だ。」

「黙れ、下賤《げせん》の者。」王は、さっと顔を上げて報いた。「口では、どんな清らかなことでも言える。わしには、人のはらわたの奥底が見え透いてならぬ。おまえだって、いまに、はりつけになってから、泣いてわびたって聞かぬぞ。」

「ああ、王はりこうだ。うぬぼれているがよい。わたしは、ちゃんと死ぬる覚悟でいるのに。命ごいなど決してしない。ただ、――」と言いかけて、メロスは足もとに視線を落とし瞬時ためらい、「ただ、わたしに情けをかけたいつもりなら、処刑までに三日間の日限を与えてください。たった一人の妹に、亭主をもたせてやりたいのです。三日のうちに、わたしは村で結婚式を挙げさせ、必ず、ここへ帰ってきます。」

「ばかな。」と暴君は、しわがれた声で低く笑った。「とんでもないうそを言うわい。逃がした小鳥が帰ってくるというのか。」

「そうです。帰ってくるのです。」メロスは必死で言いはった。「わたしは約束を守ります。わたしを、三日間だけ許してください。妹が、わたしの帰りを待っているのだ。そんなにわたしを信じられないならば、よろしい、この町にセリヌンティウスという石工がいます。わたしの無二の友人だ。あれを、人質としてここに置いていこう。わたしが逃げてしまって、三日めの日暮れまで、ここに帰ってこなかったら、あの友人を締め殺してください。頼む。そうしてください。」

それを聞いて王は、残虐な気持ちで、そっとほくそ笑んだ。生意気なことを言うわい。どうせ帰ってこないにきまっている。このうそつきにだまされたふりして、放してやるのもおもしろい。そうして身代わりの男を、三日めに殺してやるのも気味がいい。人は、これだから信じられぬと、わしは悲しい顔して、その身代わりの男を磔刑《たっけい》に処してやるのだ。世の中の、正直者とかいうやつばらにうんと見せつけてやりたいものさ。

「願いを、聞いた。その身代わりを呼ぶがよい。三日めには日没までに帰ってこい。遅れたら、その身代わりを、きっと殺すぞ。ちょっと遅れてくるがいい。おまえの罪は、永遠に許してやろうぞ。」

「なに、何をおっしゃる。」

「はは。命が大事だったら、遅れてこい。おまえの心は、わかっているぞ。」

メロスは口惜《くや》しく、じだんだ踏んだ。ものも言いたくなくなった。

竹馬の友、セリヌンティウスは、深夜、王城に召された。暴君ディオニスの面前で、よき友とよき友は、二年ぶりで相会《あいお》うた。メロスは、友に一切の事情を語った。セリヌンティウスは無言でうなずき、メロスをひしと抱きしめた。友と友の間は、それでよかった。セリヌンティウスは、縄打たれた。メロスは、すぐに出発した。初夏、満天の星である。

メロスはその夜、一睡もせず十里の道を急ぎに急いで、村へ到着したのは、明くる日の午前、日はすでに高く昇って、村人たちは野に出て仕事を始めていた。メロスの十六の妹も、今日は兄の代わりに羊群の番をしていた。よろめいて歩いてくる兄の、疲労困《こん》憊《ばい》の姿を見つけて驚いた。そうして、うるさく兄に質問を浴びせた。

「なんでもない。」メロスは無理に笑おうと努めた。「町に用事を残してきた。またすぐ町に行かなければならぬ。明日、おまえの結婚式を挙げる。早いほうがよかろう。」

妹はほおを赤らめた。

「うれしいか。きれいな衣装も買ってきた。さあ、これから行って、村の人たちに知らせてこい。結婚式は、明日だと。」

メロスは、また、よろよろと歩きだし、家へ帰って神々の祭壇を飾り、祝宴の席を調え、まもなく床に倒れ伏し、呼吸《いき》もせぬくらいの深い眠りに落ちてしまった。

目が覚めたのは夜だった。メロスは起きてすぐ、花婿の家を訪れた。そうして、少し事情があるから、結婚式を明日にしてくれ、と頼んだ。婿の牧人は驚き、それはいけない、こちらにはまだなんの支度もできていない、ぶどうの季節まで待ってくれ、と答えた。メロスは、待つことはできぬ、どうか明日にしてくれたまえ、とさらにおして頼んだ。婿の牧人も頑強であった。なかなか承諾してくれない。夜明けまで議論を続けて、やっと、どうにか婿をなだめ、すかして、説き伏せた。結婚式は、真昼に行われた。新郎新婦の、神々への宣誓が済んだころ、黒雲が空を覆い、ぽつりぽつり雨が降りだし、やがて車軸を流すような大雨となった。祝宴に列席していた村人たちは、何か不吉なものを感じたが、それでも、めいめい気持ちを引き立て、狭い家の中で、むんむん蒸し暑いのもこらえ、陽気に歌を歌い、手を打った。メロスも、満面に喜色をたたえ、しばらくは、王とのあの約束をさえ忘れていた。祝宴は、夜に入っていよいよ乱れ華やかになり、人々は、外の豪雨を全く気にしなくなった。メロスは、一生このままここにいたい、と思った。このよい人たちと生涯暮らしていきたいと願ったが、今は、自分の体で、自分のものではない。ままならぬことである。メロスは、わが身にむち打ち、ついに出発を決意した。明日の日没までには、まだ十分の時がある。ちょっとひと眠りして、それからすぐに出発しよう、と考えた。そのころには、雨も小降りになっていよう。少しでも長くこの家にぐずとどまっていたかった。メロスほどの男にも、やはり未練の情というものはある。今宵呆然《ぼうぜん》、歓喜に酔っているらしい花嫁に近寄り、

「おめでとう。わたしは疲れてしまったから、ちょっとごめんこうむって眠りたい。目が覚めたら、すぐに町に出かける。大切な用事があるのだ。わたしがいなくても、もうおまえには優しい亭主があるのだから、決して寂しいことはない。おまえの兄の、いちばん嫌いなものは、人を疑うことと、それから、うそをつくことだ。おまえも、それは、知っているね。亭主との間に、どんな秘密でもつくってはならぬ。おまえに言いたいのは、それだけだ。おまえの兄は、たぶん偉い男なのだから、おまえもその誇りをもっていろ。」

花嫁は、夢見心地でうなずいた。メロスは、それから花婿の肩をたたいて、

「支度のないのはお互いさまさ。わたしの家にも、宝といっては、妹と羊だけだ。ほかには、何もない。全部あげよう。もう一つ、メロスの弟になったことを誇ってくれ。」

花婿はもみ手して、てれていた。メロスは笑って村人たちにも会釈して、宴席から立ち去り、羊小屋に潜り込んで、死んだように深く眠った。

目が覚めたのは明くる日の薄明のころである。メロスは跳ね起き、南無三《なむさん》、寝過ごしたか、いや、まだまだだいじょうぶ、これからすぐに出発すれば、約束の刻限までには十分まにあう。今日はぜひとも、あの王に、人の信実の存するところを見せてやろ

う。そうして笑ってはりつけの台に登ってやる。メロスは、悠々と身支度を始めた。雨も、幾分小降りになっている様子である。身支度はできた。さて、メロスは、ぶるんと両腕を大きく振って、雨中、矢のごとく走り出た。

わたしは、今宵、殺される。殺されるために走るのだ。身代わりの友を救うために走るのだ。王の奸佞《かんねい》邪知を打ち破るために走るのだ。走らなければならぬ。そうして、わたしは殺される。若い時から名誉を守れ。さらば、ふるさと。若いメロスは、つらかった。幾度か、立ち止まりそうになった。えい、えいと大声あげて自身をしかりながら走った。村を出て、野を横切り、森をくぐり抜け、隣村に着いたころには、雨もやみ、日は高く昇って、そろそろ暑くなってきた。メロスは額の汗をこぶしで払い、ここまで来ればだいじょうぶ、もはや故郷への未練はない。妹たちは、きっとよい夫婦になるだろう。わたしには、今、なんの気がかりもないはずだ。まっすぐに王城に行き着けば、それでよいのだ。そんなに急ぐ必要もない。ゆっくり歩こう、と持ちまえののんきさを取り返し、好きな小歌をいい声で歌いだした。ぶらぶら歩いて二里行き三里行き、そろそろ全里程の半ばに到達したころ、降ってわいた災難、メロスの足は、はたと、止まった。見よ、前方の川を。昨日の豪雨で山の水源地は氾濫し、濁流とうとうと下流に集まり、猛勢一挙に橋を破壊し、どうどうと響きをあげる激流が、こっぱみじんに橋げたを跳ね飛ばしていた。彼は茫然《ぼうぜん》と、立ちすくんだ。あちこちと眺め回し、また、声を限りに呼びたてみたが、繋舟《けいしゅう》は残らず波にさらわれて影なく、渡し守の姿も見えない。流れはいよいよ、膨れ上がり、海のようになっている。メロスは川岸にうずくまり、男泣きに泣きながらゼウスに手を挙げて哀願した。「ああ、鎮めたまえ、荒れ狂う流れを！　時は刻々に過ぎていきます。太陽もすでに真昼時です。あれが沈んでしまわぬうちに、王城に行き着くことができなかったら、あのよい友達が、わたしのために死ぬのです。」

　濁流は、メロスの叫びをせせら笑うごとく、ますます激しく躍り狂う。波をのみ、巻き、あおり立て、そうして時は、刻一刻と消えていく。今はメロスも覚悟した。泳ぎきるよりほかにない。ああ、神々も照覧あれ！　濁流にも負けぬ愛と誠の偉大な力を、今こそ発揮してみせる。メロスは、ざんぶと流れに飛び込み、百匹の大蛇のようにのたうち荒れ狂う波を相手に、必死の闘争を開始した。満身の力を腕にこめて、押し寄せ渦巻き引きずる流れを、なんのこれしきとかき分けかき分け、獅子《しし》奮迅の人の子の姿には、神もあわれと思ったか、ついに憐愍《れんびん》を垂れてくれた。押し流されつつも、みごと、対岸の樹木の幹に、すがりつくことができたのである。ありがたい。メロスは馬のように大きな胴震いを一つして、すぐにまた先を急いだ。一刻といえども、無駄にはできない。日はすでに西に傾きかけている。ぜいぜい荒い呼吸《いき》をしながら峠を登り、登りきって、ほっとした時、突然、目の前に一隊の山賊が躍り出た。

「待て。」

「何をするのだ。わたしは日の沈まぬうちに王城へ行かなければならぬ。放せ。」

「どっこい放さぬ。持ち物全部を置いていけ。」

「わたしには命のほかには何もない。その、たった一つの命も、これから王にくれてやるのだ。」

「その、命が欲しいのだ。」

「さては、王の命令で、ここでわたしを待ち伏せしていたのだな。」

山賊たちは、ものも言わず一斉に棍棒《こんぼう》を振り上げた。メロスはひょいと、体を折り曲げ、飛鳥のごとく身近の一人に襲いかかり、その棍棒を奪い取って、「気の毒だが正義のためだ！」と猛然一撃、たちまち、三人を殴り倒し、残る者のひるむすきに、さっさと走って峠を下った。一気に峠を駆け降りたが、さすがに疲労し、おりから午後の灼《しゃく》熱《ねつ》の太陽がまともに、かっと照ってきて、メロスは幾度となくめまいを感じ、これではならぬ、と気を取り直しては、よろよろ二、三歩歩いて、ついに、がくりとひざを折った。立ち上がることができぬのだ。天を仰いで、悔し泣きに泣きだした。ああ、あ、濁流を泳ぎきり、山賊を三人も打ち倒し韋駄天《いだてん》、ここまで突破してきたメロスよ。真の勇者、メロスよ。今、ここで、疲れきって動けなくなるとは情けない。愛する友は、おまえを信じたばかりに、やがて殺されなければならぬ。おまえは、希代の不信の人間、まさしく王の思うつぼだぞ、と自分をしかってみるのだが、全身なえて、もはや芋虫ほどにも前進かなわぬ。路傍の草原にごろりと寝転がった。身体疲労すれば、精神もともにやられる。もう、どうでもいいという、勇者に不似合いなふてくされた根性が、心の隅に巣くった。わたしは、これほど努力したのだ。約束を破る心は、みじんもなかった。神も照覧、わたしは精いっぱいに努めてきたのだ。動けなくなるまで走ってきたのだ。わたしは不信の徒ではない。ああ、できることならわたしの胸を断ち割って、真紅の心臓をお目にかけたい。愛と信実の血液だけで動いているこの心臓を見せてやりたい。けれどもわたしは、この大事な時に、精も根も尽きたのだ。わたしは、よくよく不幸な男だ。わたしは、きっと笑われる。わたしの一家も笑われる。わたしは友を欺いた。中途で倒れるのは、初めから何もしないのと同じことだ。ああ、もう、どうでもいい。これが、わたしの定まった運命なのかもしれない。セリヌンティウスよ、許してくれ。きみは、いつでもわたしを信じた。わたしもきみを、欺かなかった。わたしたちは、本当によい友と友であったのだ。一度だって、暗い疑惑の雲を、お互い胸に宿したことはなかった。今だって、きみはわたしを無心に待っているだろう。ああ、待っているだろう。ありがとう、セリヌンティウス。よくもわたしを信じてくれた。それを思えば、たまらない。友と友の間の信実は、この世でいちばん誇るべき宝なのだからな。セリヌンティウス、わたしは走ったのだ。きみを欺くつもりは、みじんもなかった。信じてくれ！　わたしは急ぎに急いでここまで来たのだ。濁流を突破した。山賊の囲みからも、するりと抜けて一気に峠を駆け降りてきたのだ。わたしだから、できたのだよ。ああ、このうえ、わたしに望みたもうな。ほうっておいてくれ。どうでも、いいのだ。わたしは負けたのだ。だらしがない。笑ってくれ。王はわたしに、ちょっと遅れてこい、と耳打ちした。遅れたら、身代わりを殺して、わたしを助けてくれると約束した。わたしは王の卑劣を憎んだ。けれども、今になってみると、わたしは王の言うままになっている。わたしは、遅れていくだろう。王は、独り合点してわたしを笑い、そうしてこともなくわたしを放免するだろう。そうなったら、わたしは、死ぬよりつらい。わたしは、永遠に裏切り者だ。地上で最も、不名誉の人種だ。セリヌンティウスよ、わたしも死ぬぞ。きみと一緒に死なせてくれ。きみだけはわたしを信じてくれるにちがいない。いや、それもわたしの、独りよがりか？ああ、もういっそ、悪徳者として生き延びてやろうか。村にはわたしの家がある。羊もいる。妹夫婦は、まさかわたしを村から追い出すようなことはしないだろう。正義だの、信実だの、愛だの、考えてみれば、くだらない。人を殺して自分が生きる。それが人間世界の定法ではなかったか。ああ、なにもかも、ばかばかしい。わたしは、醜い裏切り者だ。どうとも、勝手にするがよい。やんぬるかな。――四肢を投げ出して、うとうと、まどろんでしまった。

ふと耳に、潺々《せんせん》、水の流れる音が聞こえた。そっと頭をもたげ、息をのんで耳を澄ました。すぐ足もとで、水が流れているらしい。よろよろ起き上がって、見ると、岩の裂け目から滾々《こんこん》と、何か小さくささやきながら清水がわき出ているのである。その泉に吸い込まれるようにメロスは身をかがめた。水を両手ですくって、一口飲んだ。ほうと長いため息が出て、夢から覚めたような気がした。歩ける。行こう。肉体の疲労回復とともに、わずかながら希望が生まれた。義務遂行の希望である。わが身を殺して、名誉を守る希望である。斜陽は赤い光を、木々の葉に投じ、葉も枝も燃えるばかりに輝いている。日没までには、まだ間がある。わたしを、待っている人があるのだ。少しも疑わず、静かに期待してくれている人があるのだ。わたしは、信じられている。わたしの命なぞは、問題ではない。死んでおわび、などと気のいいことは言っておられぬ。わたしは、信頼に報いなければならぬ。今はただその一事だ。走れ！　メロス。

わたしは信頼されている。わたしは信頼されている。先刻の、あの悪魔のささやきは、あれは夢だ。悪い夢だ。忘れてしまえ。五臓が疲れているときは、ふいとあんな悪い夢を見るものだ。メロス、おまえの恥ではない。やはり、おまえは真の勇者だ。再び立って走れるようになったではないか。ありがたい！　わたしは、正義の士として死ぬことができるぞ。ああ、日が沈む。ずんずん沈む。待ってくれ、ゼウスよ。わたしは生まれた時から正直な男であった。正直な男のままにして死なせてください。

道行く人を押しのけ、跳ね飛ばし、メロスは黒い風のように走った。野原で酒宴の、その宴席のまっただ中を駆け抜け、酒宴の人たちを仰天させ、犬をけ飛ばし、小川を跳び越え、少しずつ沈んでゆく太陽の、十倍も速く走った。一団の旅人とさっとすれ違った瞬間、不吉な会話を小耳にはさんだ。「今ごろは、あの男も、はりつけにかかっているよ。」ああ、その男、その男のためにわたしは、今こんなに走っているのだ。その男を死なせてはならない。急げ、メロス。遅れてはならぬ。愛と誠の力を、今こそ知らせてやるがよい。風体なんかは、どうでもいい。メロスは、今は、ほとんど全裸体であった。呼吸《いき》もできず、二度、三度、口から血が噴き出た。見える。はるか向こうに小さく、シラクスの町の塔楼が見える。塔楼は、夕日を受けてきらきら光っている。

「ああ、メロス様。」うめくような声が、風とともに聞こえた。

「だれだ。」メロスは走りながら尋ねた。

「フィロストラトスでございます。あなたのお友達セリヌンティウス様の弟子でございます。」その若い石工も、メロスのあとについて走りながら叫んだ。「もう、だめでございます。無駄でございます。走るのは、やめてください。もう、あのかたをお助けになることはできません。」

「いや、まだ日は沈まぬ。」

「ちょうど今、あのかたが死刑になるところです。ああ、あなたは遅かった。お恨み申します。ほんの少し、もうちょっとでも、早かったなら！」

「いや、まだ日は沈まぬ。」メロスは胸の張りさける思いで、赤く大きい夕日ばかりを見つめていた。走るよりほかはない。

「やめてください。走るのは、やめてください。今はご自分のお命が大事です。あのかたは、あなたを信じておりました。刑場に引き出されても、平気でいました。王様が、さんざんあのかたをからかっても、メロスは来ます、とだけ答え、強い信念をもち続けている様子でございました。」

「それだから、走るのだ。信じられているから走るのだ。まにあう、まにあわぬは問題でないのだ。人の命も問題でないのだ。わたしは、なんだか、もっと恐ろしく大きいもののために走っているのだ。ついてこい！　フィロストラトス。」

「ああ、あなたは気が狂ったか。それでは、うんと走るがいい。ひょっとしたら、まにあわぬものでもない。走るがいい。」

　言うにや及ぶ。まだ日は沈まぬ。最後の死力を尽くして、メロスは走った。メロスの頭は、空っぽだ。何ひとつ考えていない。ただ、訳のわからぬ大きな力に引きずられて走った。日は、ゆらゆら地平線に没し、まさに最後の一片の残光も、消えようとした時、メロスは疾風のごとく刑場に突入した。まにあった。

「待て。その人を殺してはならぬ。メロスが帰ってきた。約束のとおり、今、帰ってきた。」と、大声で刑場の群衆に向かって叫んだつもりであったが、のどがつぶれてしわがれた声がかすかに出たばかり、群衆は、一人として彼の到着に気がつかない。すでにはりつけの柱が高々と立てられ、縄を打たれたセリヌンティウスは、徐々につり上げられてゆく。メロスはそれを目撃して最後の勇、先刻、濁流を泳いだように群衆をかき分け、かき分け、

「わたしだ、刑吏！　殺されるのは、わたしだ。メロスだ。彼を人質にしたわたしは、ここにいる！」と、かすれた声で精いっぱいに叫びながら、ついにはりつけ台に登り、つり上げられてゆく友の両足に、かじりついた。群衆は、どよめいた。あっぱれ。許せ、と口々にわめいた。セリヌンティウスの縄は、ほどかれたのである。

「セリヌンティウス。」メロスは目に涙を浮かべて言った。「わたしを殴れ。力いっぱい

にほおを殴れ。わたしは、途中で一度、悪い夢を見た。きみがもしわたしを殴ってくれなかったら、わたしはきみと抱擁する資格さえないのだ。殴れ。」

セリヌンティウスは、すべてを察した様子でうなずき、刑場いっぱいに鳴り響くほど音高くメロスの右ほおを殴った。殴ってから優しくほほえみ、

「メロス、わたしを殴れ。同じくらい音高くわたしのほおを殴れ。わたしはこの三日の間、たった一度だけ、ちらときみを疑った。生まれて、初めてきみを疑った。きみがわたしを殴ってくれなければ、わたしはきみと抱擁できない。」

メロスは腕にうなりをつけてセリヌンティウスのほおを殴った。

「ありがとう、友よ。」二人同時に言い、ひしと抱き合い、それからうれし泣きにおいおい声を放って泣いた。

群衆の中からも、歔欷《きょき》の声が聞こえた。暴君ディオニスは、群衆の背後から二人のさまを、まじまじと見つめていたが、やがて静かに二人に近づき、顔を赤らめて、こう言った。

「おまえらの望みはかなったぞ。おまえらは、わしの心に勝ったのだ。信実とは、決して空虚な妄想ではなかった。どうか、わしをも仲間に入れてくれまいか。どうか、わしの願いを聞き入れて、おまえらの仲間の一人にしてほしい。」

どっと群衆の間に、歓声が起こった。

「ばんざい、王様ばんざい。」

一人の少女が、緋《ひ》のマントをメロスにささげた。メロスは、まごついた。よき友は、気をきかせて教えてやった。

「メロス、きみは、真っ裸じゃないか。早くそのマントを着るがいい。このかわいい娘さんは、メロスの裸体を、皆に見られるのが、たまらなく口惜しいのだ。」

勇者は、ひどく赤面した。

二〇〇六年度版『伝え合う言葉　中学国語2』(教育出版)による

285

『走れメロス』（太宰治）は、二〇一〇年現在発行されているすべての中学校国語科教科書に掲載されている数少ない小説である。したがって、全国の多くの中学校国語科教師は、少なくとも三年に一度は『走れメロス』を教材とした国語の授業を行っていることになる。それだけに、『走れメロス』の授業を生徒にとって魅力的な授業にすることは、新しい国語科授業を創造するうえできわめて重要なことである。ここでは、「全体から部分へ、部分から全体へ」という指導方法と、魅力的な「学習課題」の提示による『走れメロス』の授業改善について述べる。

学習課題1　メロスとディオニスの共通点は何か

メロスとディオニスの性格や考え方については、二人の相違点について対照的にとらえて、整理することが多いと思われる。しかし、メロスとディオニスの関係は、相違点よりも二人の共通点を考えることでより鮮明になる。メロスとディオニスの違いを文章の冒頭部から順次たどって考えるより、文章全体からメロスとディオニスの共通点を考えるほうが、生徒に新鮮な感覚を与えると予想され、学習課題としても優れていよう。

結論から言えば、「メロスはディオニスの分身」、あるいは「メロスはディオニスのかつての姿」である。したがって、この二人の間に共通点は多い。

「二年前にこの町に来た時は、夜でも皆が歌を歌って、町はにぎやか」（L14～15）だったという表現から、ディオニスが、かつてはよき王であったことが想像できる。少なくとも二年前までは、ディオニスは家臣や民衆を信じ、そしてまた、家臣や民衆からも信じられていたのであろう。ちょうど王城に乗り込んできた時のメロスのように、友情や信頼の存在を信じる人間だったのだ。だからこそディオニスは、「しかたのないやつじゃ。おまえには、わしの孤独がわからぬ」（L38～39）とメロスを憫笑《びんしょう》するのである。目の前のメロスにかつての単純な自分を見いだし、憐《あわ》れんでいるのである。ディオニスは心の中で、〈愚かなメロスよ、いつかおまえもわしのように人に裏切られて孤独に陥り、「人間は、もともと私欲の塊」であり、「信じては、ならぬ」と気づくこ

走れメロス

二年　組　番

名前

学習課題1

メロスとディオニスの共通点は何か（叙述をもとに考えよう）

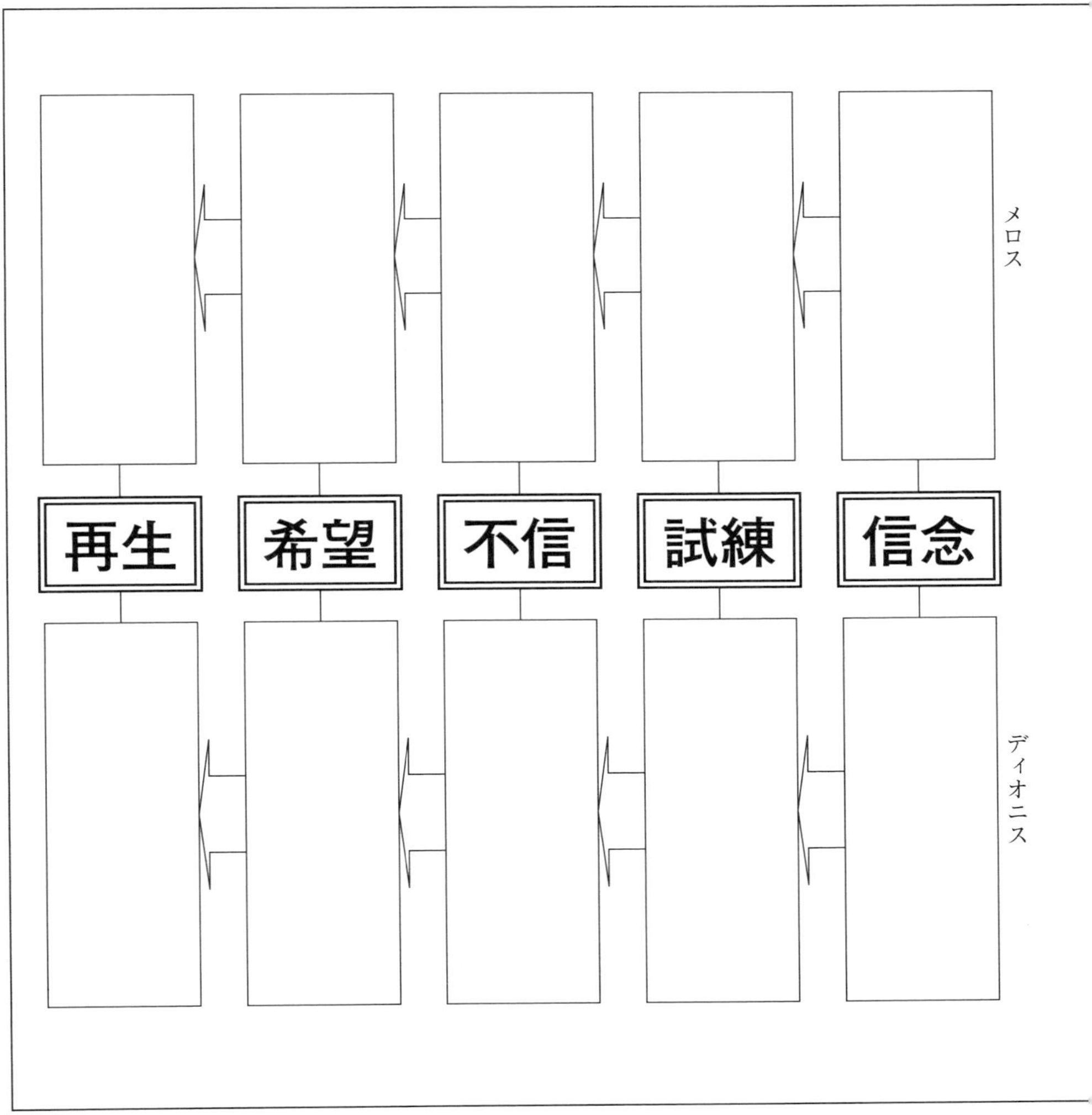
メロス
再生
希望
不信
試練
信念
ディオニス

とになるのだ〉と思っているにちがいない。だからこそ、ディオニスは、メロスを「憫笑し」（L38）、「低く笑」い（L55）、「ほくそ笑」み（L63）、「おまえの心は、わかっているぞ」（L72）と言えるのである。

そして、メロスはまさしくディオニスの予想したとおりになった。「身体疲労すれば」〜「やんぬるかな」（L172〜202）に描かれたメロスの行動や考えは、現在のディオニスの行動や考えとまるで双子のように似ている。単純なメロスが人間世界の現実（困難・誘惑）に敗れて、「正義だの、信実だの、愛だの、考えてみれば、くだらない。人を殺して自分が生きる。それが人間世界の定法ではなかったか」（L199〜201）と考えるようになり、ディオニスと同じ考えをもつようになったのである。それは、ディオニスがかつてたどった道を今、メロスがたどってきたことにほかならない。これがメロスをディオニスの分身であると考える理由である。

しかし、メロスは、肉体の疲労回復とともに、再び立ち上がって走り始めるのである。一方、ディオニスは、メロスのように立ち上がって走り始めることができない。そして、メロスの身代わりになったセリヌンティウスを「さんざんからかって」いるだけである。

それでは、ディオニスが、メロスのように再び立ち上がって走り始めるのはいつなのか。いや、はたしてディオニスは走り始めることができるのか。

このことを考える前に、なぜメロスは再び走り始められたのかを考える必要がある。メロスは、途中で一度、「悪徳者として生き延びてやろうか」と思い、「どうとも、勝手にするがよい」と考えて、「四肢を投げ出して、うとうとまどろんでしま」うのだ。しかし、「何か小さくささやきながら」わき出ている清水を一口飲むことで、「夢から覚めたような気」がしたメロスは、「肉体の疲労回復とともに」わずかに生まれた「義務遂行の希望」によって、再び走り始めることができたのである。この部分は『走れメロス』という物語を解釈するうえで非常に重要な箇所と思われるので、注意する必要がある。このような部分こそ「詳細な読解」が必要である。

一方、ディオニスはどうか。互いに迷いを告白し、ほおを殴り合ったあとに、「ひしと抱き合い、それからうれし泣きにおいおい声を放って」泣くメロスとセリヌンティウスの姿を「まじまじと見つめていた」ディオニスは、顔を赤らめつつ、「どうか、わしをも仲間に入れてくれまいか。どうか、わしの願いを聞き入れて、おまえらの仲間の一人にしてほしい」（L278～279）と二人に頼むのである。ディオニスは、この瞬間から再び立ち上がって走り始めるのだ。

メロスは、「ふと耳に、潺々《せんせん》、水の流れる音が聞こえ」、清水を両手ですくって一口飲むことで、胸の中に生じた「悪い夢」に打ち勝ち、再び走り出すことができた。ディオニスは、「群衆の背後から二人のさまを、まじまじと見つめ」ることで、胸の中にあった「人の心は、あてにならない。

人間は、もともと私欲の塊さ。信じては、ならぬ」という悪い考えを乗り越え、メロスのように再び走り始めるのである。ディオニスにとっては「メロスとセリヌンティウスの行動」が、メロスにとっての「何か小さくささやきながら」わき出ている「清水」と同じはたらきをしたのである。

もはやメロスとディオニスとの共通点は明らかである。メロスもディオニスも、「単純な勇者・正義感の持ち主→疲労・裏切り→勇者に不似合いなふてくされた根性・悪徳者→清水・希望→立ち直り」と同様の変化・成長を重ねてきたのである。ディオニスは、メロスとセリヌンティウスをまじまじと見つめることで、メロスたち二人が、それぞれの「悪い夢」を克服したことを理解したのである。そして、同時にそれは、「悪い夢」を今日まで克服できずにいるディオニスの考えを、メロスが苦難の末に乗り越えたことを意味している。メロスは王に勝ったのだ。ディオニスは、このことがわかったからこそ、メロスとセリヌンティウスに「おまえらは、わしの心に勝ったのだ」（L277）と言ったのである。そして、再び立ち上がり走り始めたディオニスの姿を見た群衆は、「ばんざい、王様ばんざい」（L281）と歓声をあげることになるのである。

学習課題2　メロスはどんな困難・誘惑と戦ったのか

生徒は一読後に、メロスが、ディオニスとの約束を守るためにいくつかの困難・誘惑と戦い、それを乗り越えてきたことは理解しているはずである。そこで、大まかな語句指導が終わった段階で、「メロスはどんな困難・誘惑と戦ったのか」という学習課題を提示する。

いったいメロスは、いくつの、そしてどのような困難・誘惑と戦ってきたのだろうか。まず生徒の頭に浮かぶのは次の三つであろう。

(ア)「濁流」（ぶらぶら～先を急いだ・L133～151）

(イ)「山賊」（ぜいぜい～峠を下った・L152～164）

(ウ)「疲労」（一気に～まどろんでしまった・L164～203）

はたしてメロスが戦った困難・誘惑は、この三つだけであろうか。もう一度、本文を読ませて考えさせる必要がある。何人かの生徒は次のように指摘をするであろう。

(エ)「未練の情」（結婚式は～歌いだした・L94～133）

「未練の情」については気づかない生徒もいると予想される。生徒はメロスが戦った困難・誘惑について、一読後にもうわかったつもりになっていると思われるが、実はそうではなかったのである。ところで、さらに考えたい。メロスの戦った困難・誘惑は、この四つだけなのだろうか。もう一度、じっくり本文を黙読させ考えさせてみる。この段階では、既に一人一人の生徒が自分なりの考えをもっているであろう。そこで学習形態としては、適宜「ペア学習」などの共同的な学習を取り入れることが有効である。メロスの走り続ける意欲をそぐような事件や出来事が、はたしてほかにはなかったかどうか検討させる。

(オ)フィロストラトスの「無駄でございます。走るのは、やめてください」という言葉（「ああ、〜走るがいい。」・L230〜249）

この部分については異論もあると思われる。しかし、フィロストラトスのこの言葉が、メロスの走り続ける意欲をそぐ言葉でもあることは確かなので、ここではメロスが戦った誘惑（困難）としておく。

これで、メロスが戦った困難・誘惑は五つになった。この段階で生徒に学習させたいことは、23ページ「文学的な文章において指導する事柄」の「② 文章全体の内容及び表現という観点から、事件や出来事（＝ここではそれぞれの困難・誘惑）の意味……について検討させる（全体から部分へ）」ことである。五つの困難・誘惑を比較・検討させることで、それぞれの困難・誘惑の特徴・性格を明らかにすることをめざすのである。

(エ)については、「未練の情」としてその特徴・性格が本文中に明示されている。そして、メロスはこの困難・誘惑を意志の力で乗り越えたのである。それでは、(エ)を「未練の情」とし、意志の力で乗り越えたとすれば、(ア)、(イ)、(ウ)、(オ)はどのような特徴・性格を有していて、メロスは、どのようにしてそれらの困難・誘惑を乗り越えたのか。このことを考えることにより、生徒は必然的にそれぞれの困難・誘惑についての読みを深めていくことになる。

(ア)は濁流という「自然の障害」であり、(イ)は山賊という「人為的な障害」である。そして、(ア)及び(イ)を乗り越えるためにメロスのとった行動は、「満身の力」「獅子《しし》奮迅」(L147〜148)、「飛鳥のごとく」「猛然一撃」(L162〜163)と形容されている。すなわち、(ア)、(イ)は、主として体力(もちろん体力を発揮するための意志の力も含む)によって乗り越えることのできた困難・誘惑であることがわかる。

それでは、(ウ)はどうであろうか。メロスは肉体の「疲労」と戦い、それを乗り越えることができたのだろうか。確かに結果的には、メロスはこの困難・誘惑を乗り越えて、竹馬の友セリヌンティウスの待つ王城めざし疾風のごとく走り続けることができた。それでは、メロスはどうやってこの肉体の「疲労」を乗り越えたのか。「濁流」や「山賊」を乗り越えた強靭《きょうじん》な意志や体力でか。否である。メロスは、一度は肉体の「疲労」という困難・誘惑に負けたのである。メロスがこの困難・誘惑を乗り越えられたのは、メロス自身の強靱な体力や意志の力によってではなく、「ふと耳に、潺々《せんせん》、水の流れる音が聞こえた」からである。ここで注意すべきは「ふと」聞こえたことである。偶然に聞こえたのである、たまたま聞こえたのである。この幸運な偶然がなかったら、メロスはどうなったのか。生徒には、肉体の「疲労」によってメロスがくじけ、ふてくされ、悪徳者として生き延びようと思ったこと、そして、偶然に聞こえた清水の音がその状態を克服するきっかけとなったことに注意を払わせる必要がある。肉体の「疲労」は、メロスが乗り越えた「濁流」や「山賊」という困難・誘惑とは区別して考える必要がある。

最後に、(オ)はどうだろうか。「呼吸《いき》もできず、二度、三度、口から血が噴き出」ているにもかかわらず、走り続けるメロスにとって、フィロストラトスの言葉は、「味方」(少なくともディオニスとは反対側にいる人間として)からの甘い誘惑(困難)ではなかったか。もし、メロスが、肉体の「疲労」に負けてふてくされている時に、このフィロストラトスの言葉を聞いたなら、それは絶好の言い訳となったのではないだろうか。しかし、再び走り始めたメロスは、この誘惑(困難)を「なんだか、もっと恐ろしく大きいもののために」(L246～247)走り続けることで乗りきった。そして、ここまで学習が深まれば、必然的に「なんだか、もっと恐ろしく大きいもの」とは何かという、『走れメロス』定番の学習課題にぶつかることになる。しかしながら、「メロスはどんな困難・誘惑と戦ったのか」という学習課題での展開としては、一応ここで止めておく。そして、「『なんだか、もっと恐ろしく大きいもの』とは何か」という学習課題については、後述することにする。

学習課題２「メロスはどんな困難・誘惑と戦ったのか」を解決するためには、何度も教科書を読むこと、そして、本文の一部ではなく全体を理解したうえで考えることの二つが求められていることは明らかであろう。この二つの要素を含むことが、教材の内容理解を深め、言語能力を育成する学習課題のための条件である。そしてこのことが、国語科授業をスリルとサスペンスのある時間とすることになるのである。

以上で、**学習課題２**「メロスはどんな困難・誘惑と戦ったのか」についての学習活動は終了となる。ここに示した五つの困難・誘惑について考えさせることは、わかったつもりでいて、実はわかっていなかったことに気づかせることになる。自分のわかっていないことに、本文を繰り返し読むことで気づいていくところに、国語科授業のスリルとサスペンスがある。自分の読みが確実に深まっていくことを実感することは、生徒の国語科授業への関心を高めることになる。また、学習活動の中で、絶えず指導者から生徒に「なぜ」「どうして」と考えの根拠を問いかけ、叙述に即して考えさせることによって、生徒の論理的な思考力を鍛えることが可能となる。そして、鍛えられた論理的な思考力は、既有の能力として次の学習に活用できることになる。

以上、**学習課題１**及び**学習課題２**は、それぞれ23ページ「文学的な文章において指導する事柄」の「②　文章全体の内容及び表現という観点から、事件や出来事の意味やその特徴……について検討させる（全体から部分へ）」をとおして、「①　事件や出来事の大まかな内容を理解させる（文章全体の大体の理解）」についても、大体の理解から正確な理解へと導くことを意図したものである。

学習課題3　山賊はディオニスの命令でメロスを待ち伏せていたのか

メロスは山賊たちに向かって、「さては、王の命令で、ここでわたしを待ち伏せしていたのだな」（L160）と叫ぶ。メロスは、山賊たちがディオニスの命令で自分を待ち伏せしていたと信じている。しかし、はたしてそうであろうか。このメロスの問いに対して、山賊は何も答えずにメロスに襲いかかっているので、ディオニスの命令であったかどうかは最後までわからないままである。（ここでは、「地の文」と「せりふ」の違いに注意する必要がある。）

この学習課題について、中学生はどう考えるであろうか。私の知るかぎりでは、ディオニスの命令である、命令ではないと考える割合は、おおよそ7対3くらいである。ディオニスの命令と考える生徒のほうが多いのであるが、これくらいの割合で意見が分かれるのであれば、このことについて討論させることで活発な意見交流が期待できるであろう。もちろん、ディオニスの命令と考えることも、そうではないと考えることも、どちらも可能である。大切なのは、「なぜ」「どうして」そう考えるのかである。そう考える理由・根拠を相手に伝え、理解させ、できれば相手を説得することである。互いに自分の考えを発表し合うことで、この学習課題は国語科の教科目標でもある「伝え合う力」を育成するための格好の学習活動を可能にする。

山賊がディオニスの命令で待ち伏せしていたかどうかは、山賊がそのことについて何も言わない以上、ディオニスの人間性から判断することになる。それでは、ディオニスはどのような人物なのか。**学習課題1**「メロスとディオニスの共通点は何か」において指摘したが、ディオニスの人物像については、冒頭からメロスが王城をたつまで（初め～L77）を読んでメロスと対照しながらまとめることが多いであろう。しかし、冒頭部から順次読み進めてディオニスの人物像をまとめる学習展開に比べ、ここに示した「山賊はディオニスの命令かどうか」という課題意識をもってディオニスの人物像について考えるほうが、生徒の主体的な学習が期待できると思われる。

そこで、ディオニスの人物像である。いったいディオニスの人間不信はどれほどのものなのか。「わしには、人のはらわたの奥底が見え透いてならぬ」（L48）と言い、「どうせ帰ってこないにきまっている。このうそつきにだまされたふりして、放してやるのもおもしろい」（L64～65）と考え、「はは。命が大事だったら、遅れてこい。おまえの心は、わかっているぞ」（L72）とメロスをあざ笑うディオニスである。悩みの末に眉間《みけん》に「刻み込まれたように深」いしわ（L35）

のあるディオニスである。ディオニスの人間不信の思いは底の見えないほどに深いのだ。「人間は、もともと私欲の塊さ」（Ｌ43）と思っているディオニスは、メロスが帰ってくることなどこれっぽっちも信じていないにちがいない。したがって、戻ってこないメロスを山賊に待ち伏せさせるはずもない。もしメロスを待ち伏せするよう山賊に命じたとしたら、ディオニスは、メロスが約束を守る可能性をたとえほんのわずかでも信じていることになる。それではディオニスの人間不信は一挙に底の浅いものになってしまう。ディオニスは自分の体験からも、メロスは絶対に帰ってこないと思っているはずなのだ。（「ディオニスの体験」については、「メロスとディオニスの共通点は何か」という学習課題で既に考えた。）

本文中の叙述とそこからの解釈の結果として、私は、山賊がディオニスの命令でメロスを襲ったのではないと考える。もちろん、ディオニスの命令と考える生徒もいるであろう。それでいいのである。ただし、これまでの学習課題と同様に、なぜディオニスの命令だと考えるのか、その根拠を、叙述に基づきつつ明確に説明することが求められる。「メロスが王の命令だと言ったから」では、根拠としてあまりに弱い。自分の考えを論理的に表現し、相手に理解させ、さらには相手を説得することが大切なのである。

以上で**学習課題３**についての説明を終えるが、この学習課題は、ディベートやパネルディスカッションにも適していると考えられるので、ぜひ試みていただきたい。

学習課題4 真の勇者は誰か

『走れメロス』の語り手（あるいはメロス）は、「真の勇者、メロスよ」（L168～169）と呼びかけているが、この呼びかけのあとで、メロスは、ふてくされ、そして「四肢を投げ出して、うとうと、まどろんで」しまうのである。そこで、生徒の間に「メロスは真の勇者かどうか」という疑問が生まれることになる。二〇〇八年に参観した『走れメロス』の授業では、この「メロスは真の勇者かどうか」というテーマで討論が展開されていた。授業では、活発な意見交換がなされてはいたが、残念ながら「真の勇者」の定義が明確に示されない以上、話し合いは互いの考えを発表するだけで、なかなか深まってはいかない。そこで、この「メロスは真の勇者かどうか」に代わる学習課題が「真の勇者は誰か」というものである。

生徒からは、「メロス」に続いて「セリヌンティウス」という意見が出されるであろう。もし、メロスとセリヌンティウスの二者が勇者として考えられるなら、「真の勇者」の条件はメロスとセリヌンティウスに共通しているものとなるはずである。この二人に共通しているものは何か。それは、主として次の三点であると考えられる。

・友を信じていること。
・三日の間に一度、悪い夢を見たり、相手を疑ったりしたこと。
・悪い夢や疑いを克服したこと。

これらのことは生徒からも指摘されると思われる。もちろんこれでも十分である。しかし、今一度本文を振り返れば、ディオニスもこれら三つの事柄を経験していることに気づく。もし生徒から「ディオニス」という指摘がなされなければ、教師から「ディオニスはどうか」と投げかけることで、さらに学習は深まるであろう。「メロスとディオニスの共通点は何か」で述べたように、この両者には共通点があった。そのことを思い出せば、ディオニスを勇者と考えることも不可能なことではない。それでは、メロス、セリヌンティウス、ディオニスの三人に共通しているものは何か。既に明らかなように、それは「悪い夢や疑いを克服したこと」である。

人物の変化・成長を具体的に描く文学的な文章において、登場人物の生き方について考えることとは、その文章の主題について考えることに直結する。ここに示した「勇者の条件」を考えることは、『走れメロス』の主題について考えることときわめて関連が深いものである。したがって本学習課題は、主題について考える際の学習課題として設定することが可能である。

学習課題5　主人公は誰か―発見される主人公―

国語科の授業において、一定の条件のもとに、物語や小説の主人公が誰かについて考えることは、読みを深めるうえで有効な方法である。ただし、その際には、主人公の条件について明確にしておくことが必要となる。主人公の条件は、文学的な文章の定義から、次の三条件が考えられる。

(ア)　事件や出来事に積極的にかかわっている人物
(イ)　事件や出来事をとおして最も変化・成長している人物
(ウ)　具体的に描写されている回数が多い人物

『走れメロス』の主人公は誰か？　こう生徒に問えば、多くの場合、「題名から考えてもメロスに決まっているよ」という答えが返ってくる。はたして本当にそうだろうか。主人公としてメロス以外は考えられないのか。主人公の条件(ア)〜(ウ)に基づいて考えてみる。

『走れメロス』に描かれている事件や出来事に積極的にかかわっているのは、まずメロスであり、次にディオニスであろう。メロスは自らの行動によって事件や出来事を引き起こした人物として、ディオニスは事件や出来事の枠組みを設定した人物として描かれている。セリヌンティウスも事件や出来事に深くかかわってはいるが、「積極性」という点で、メロスやディオニスに劣っている。

結局(ア)の条件に当てはまるのは、メロスとディオニスの二人である。ただし、(ア)の条件では、メロスが優位である。

次に(イ)の条件について考えてみる。はたしてメロスとディオニスのどちらがより変化・成長しているのだろうか。物語の中で、二人とも「単純な勇者・正義感の持ち主→疲労・裏切り→勇者に不似合いなふてくされた根性・悪徳者→清水・希望→立ち直り」と変化・成長している。となれば、メロスとディオニスの心は、どちらがより大きく「変化・成長したか」について検討する必要がある。このことを理解するために、生徒は、『走れメロス』を繰り返し読み、「メロスの行動及び心情・考え」と「ディオニスの行動及び心情・考え」について比較・検討することを求められる。

二人のうちのどちらの心がより「変化・成長」しているかについて考えることは、生徒一人一人がメロスとディオニスの行動と心情・考えをどのように「解釈」しているのかということでもある。私は、ディオニスのほうがメロスよりもその心の「変化・成長」が大きかったと考える。「静かに、けれども威厳をもって」メロスを問いつめるディオニス。「顔は蒼白で、眉間のしわは、刻み込まれたように深」いディオニス。これらの描写から、ディオニスの真摯な態度とその苦悩の深さが伝わってくる。人々が夜でも歌を歌い、にぎやかな町であったシラクスの王として、おそらくは人々から慕われていたディオニスが、「ご自身のお世継ぎ」や「皇后様」まで殺すような王になってしまったのである。ディオニスの人間への「不信」はとてつもなく大きく、暗いものとしてその心に刻み込まれているにちがいない。それに対して、メロスの人間不信は、直接的には肉体の「疲労」から生じたものであり、ディオニスほどの深さは感じられない。ということで、条件(イ)では、主人公としてディオニスが優位である。

それでは、条件(ウ)ではどうか。物語中で具体的に描写されている回数が多いのは、当然、メロスである。ディオニスも冒頭部と最終部でかなり具体的に描写されてはいる。そして、そのイメージの鮮やかさでは、メロスに負けないくらいではあるが、量的には明らかにメロスが優勢である。

以上、条件(ア)、(イ)、(ウ)に基づいて『走れメロス』の主人公について考えると、メロスを主人公と考えるのが妥当かとも思われる。しかし、ディオニスが主人公である可能性がまったくないわけではないこともわかる。中学生の多くは、『走れメロス』の主人公は、「メロス」に決まっていると考えているであろう。しかし、一定の条件のもとに叙述を踏まえて検討する時、ディオニスが主人公である可能性に気づくことになる。このようにして、小説における主人公は、読者によって、いわば「発見される主人公」として存在していることに生徒は気づくことができる。「メロス」に代わって「ディオニス」が主人公である可能性に気づいた時、生徒はそこにまちがいなくスリルとサスペンスを感じることになろう。それとともに、「ディオニス」が主人公である可能性を叙述に基づいて判断するために、生徒は積極的に『走れメロス』全文を繰り返し、かつ詳細に読むことになるであろう。

学習課題3、学習課題4と同様に本学習課題においても、主人公をメロスとディオニスのどちらかに決めること自体が重要なのではない。「主人公はメロスで、敵役がディオニス」と言ってしまえば、それですませてしまうこともできるのである。しかし、そのような形式的な考えだけで終わらせるのではなく、主人公としてのディオニスの可能性を考えさせることにより、それまで気づかなかったディオニスの行動や心情・考えについて考えさせることが大切なのである。そして、なぜそう考えるのか、確実な根拠に基づき論理的に表現することで、互いに伝え合い、考えを深め合うことがねらいなのである。

「真の勇者は誰か」、そして「主人公は誰か」という二つの学習課題について考えることで、生徒はこの物語においてディオニスの占める位置の大きさに気づくはずである。ディオニスの存在の大きさに気づくことは、この物語の主題について考えるきっかけとなる。

メロス（セリヌンティウス）とディオニスの変化・成長の原動力となったものは何か。この何かを、「友情」という言葉だけで表現することは無理なのではないか。また、肉体の「疲労」という困難・誘惑に一度は挫折してしまったメロスが、「ふと耳に、潺々」と聞こえてきた清水を飲むことによって、偶然にも立ち直った姿は何を象徴しているのか。さらに、物語の最終場面で、群衆は、メロスに対して「あっぱれ。許せ」（L262）と口々にわめくとともに、ディオニスに対しても「ばんざい、王様ばんざい」（L281）と歓声をあげている。平成10年版中学校学習指導要領国語は、主題について「とらえる」という語を避けて「考える」という語を用いている。（第一学年「C読むこと」の「エ　文章の展開を確かめながら主題を考えたり要旨をとらえたりすること」・傍点筆者）中学校二年生は、きっとその瑞々《みずみず》しい感性に支えられて「主題」について豊かに考え、多様な主題論を展開してくれるだろう。「読者によって発見される主人公」と同様に、小説における主題もまた、「読者によって創造される主題」として存在しているのである。

なお本学習課題は、**学習課題3**「山賊はディオニスの命令でメロスを待ち伏せていたのか」及び**学習課題4**「真の勇者は誰か」と同様に、23ページ「文学的な文章において指導する事柄」の「③　事件や出来事からイメージされる物語・小説の主題について考えさせる（部分から全体へ）」及び「④　文章の内容や叙述……について検討させ、判断させる（考えの形成）」ための学習課題である。

学習課題6　表現上の効果について考えよう

文学的な文章の学習においては、その表現内容や表現方法について考えさせたり判断させたりする（考えの形成）指導をいっそう充実させることが大切である。なんといっても、文学的な文章は「芸術作品」としての特徴を有しているのであり、芸術作品である以上、その表現方法について検討することはきわめて当然なことであり、また、生徒にとっても有意義な学習活動ともなる。

その1　最終部の表現効果について

『走れメロス』における「表現上の効果」について考える際、まず頭に浮かぶのは、最終部の表現である。

「一人の少女が、緋《ひ》のマントをメロスにささげた」以降（L282～終わり）の表現にはどのような効果があるのだろうか。ぜひ生徒と一緒に考えてみたい課題である。その際、ただ「この部分の表現効果を考えよう」と生徒に投げかけるだけでは、生徒からの積極的な反応は期待できない。表現の効果について考える場合には、「比較・対照」させることが有効である。二つのものを比較・対照すれば、必ずそこに自分の考え・判断（あるいは好き・嫌い）が生まれるからである。あとは、なぜそう考えたのか、そう判断したのか、あるいはなぜ好きなのか、嫌いなのか、を問えばよいことになる。では、この部分で、何と何を比較させれば効果的なのか。それは、「一人の少女が、緋のマントをメロスにささげた」以降がある場合とない場合である。少し古くはなるが、『国語二　中学校用総合』（昭和三四年度版　日本書院）では、「一人の少女が、緋のマントをメロスにささげた」以降が省略されている。省略されている『走れメロス』と省略されていない『走れメロス』とを比較・対照させることは、「表現の効果」についての学習をさせるうえで効果的である。

また、この部分の直前で、ディオニスは「顔を赤らめ」ながら、「おまえらの望みはかなったぞ。おまえらは、わしの心に勝ったのだ」（L277）と言っている。メロスもこの部分の最後で、「ひどく赤面し」ている。この場面では、ディオニスとメロスがともに顔を赤らめていることがわかる。物語の結末で、二人がともに赤面した理由を考えてみるのもまた楽しい学習活動へと生徒を誘うであろう。

太宰治の『走れメロス』が、シラーの『人質』という詩をもとにしていることはつとに有名である。ただし、シラーの『人質』は、ディオニスの「どうかわしの願ひを聞き入れて／おまへらの仲間の一人にしてほしい」（角田旅人訳）で終わっている。なぜ太宰治は、原詩『人質』の結末部に、「どっと群衆の間に、歓声が起こった」（L280）以下を書き加えたのだろうか。そして、その部分にはどのような表現効果があるのだろうか。前述の『国語二　中学校用総合』（昭和三四年度版　日本書院）、『伝え合う言葉　中学国語2』（平成一八年度版　教育出版）、そしてシラー『人質』という三つの文章の結末部を読み比較・対照することで、「表現効果」についての学習をさらに興味深く、そして、効果的に実施することができる。

その2　自然描写の意味するものは何か

『走れメロス』で表現効果について学習する際には、情景描写が登場人物の心情と密接に関連していることに気づかせることも大切である。

例えば、「初夏、満天の星である」（L77）、「黒雲が空を覆い、ぽつりぽつり雨が降りだし、やがて車軸を流すような大雨となった」（L95〜96）、「塔楼は、夕日を受けてきらきら光っている」（L229）、「日は、ゆらゆら地平線に没し、まさに最後の一片の残光も、消えようとした時」（L252）等の表現を取り上げ、その時々のメロスの心情と重ね合わせることで、生徒に「景情一致」の表現について確認させることが大切である。この「景情一致」の表現についての学習は、第三学年の『故郷』の学習へと連続し、発展していくことになる。

この学習課題は、23ページ「文学的な文章において指導する事柄」の「④　文章の内容や叙述……について検討させ、判断させる（考えの形成）」のための学習課題である。

以上、『走れメロス』での学習課題として、六つの具体例を提示した。もちろん『走れメロス』の授業で、これらの学習課題をすべて取り上げる必要はない。学習のねらいと生徒の実態に応じて、一つあるいはいくつかを取り上げて指導すればよいのである。生徒がわかったつもりでいて、実は正確には把握していない事柄について、改めて意識させることで、国語科授業にスリルとサスペンスを生み出すことができる。その際の学習過程としては、「全体から部分へ、部分から全体へ」である。文章の全体像をもとに各部分を検討し、理解を深めたうえで部分と部分の関係を考えたり、再び全体像を構築したりすることでその読みをいっそう確かなものにしていくことである。

■『走れメロス』の主題について―創造される主題―

主題については、**学習課題5**「主人公は誰か」において、「中学校二年生は、きっとその瑞々しい感性に支えられて……多様な主題論を展開してくれるだろう」と述べたが、ここで『走れメロス』の主題について、私なりの考えを述べておく。

肉体の疲労回復とともにメロスは次のようなもののために走ってきた。

・「義務遂行の希望」（L209）
・「わが身を殺して、名誉を守る希望」（L209〜210）
・「信頼に報いなければならぬ」ため（L213〜214）
・「正直な男のままにして死」ぬため（L220）
・「その男のため」（L225）
・「愛と誠の力を、今こそ知らせてやる」ため（L226〜227）
・「信じられているから」（L245）

そしてメロスが最後にたどりついたのが、「わたしは、なんだか、もっと恐ろしく大きいもののために走っているのだ」（L246〜247）である。『走れメロス』の主題について考える際には、やはりメロスが最後にたどりついたこの思いをもとに考える必要がある。もっとも語り手自身が、「なんだか、もっと恐ろしく大きいもの」と漠然と表現している以上、それを明瞭な言葉で表現するのは困難なことではあるが。

メロスの「信じられているから走るのだ。まにあう、まにあわぬは問題でないのだ」（L245〜246）という言葉を手がかりに考えれば、今やメロスは、自分の命もセリヌンティウスの命も問題にはしていない。ただ、「信じられているから」、それだけのために「まにあう、まにあわぬは問題でない」と思いつつ走っている。これらのメロスの行動や言葉からわかることは、メロスは、信じられていることに応えるために、たとえその結果はどうであろうと走り続けているということである。このことをセリヌンティウスの側から言えば、「まにあう、まにあわぬは問題でないのだ。メロスやわたしの命も問題でないのだ。わたしは、なんだか、もっと恐ろしく大きいもののためにここにいるのだ」となる。メロスと同様に、結果はどうであろうと信じ続けているのである。走り続けるメロスとメロスを信じ続けるセリヌンティウス。ディオニスは、そんなメロスとセリヌンティウスの姿を見つめて、「信実とは、決して空虚な妄想ではなかった」（L277〜278）と言いつつ、その仲間の一人にしてもらうことを願う。どのような仲間か。心の中に一度は抱いた「悪い夢」を苦闘の末に乗り越え、信じる心を取り戻すことのできた仲間である。ディオニスは自分のできなかったことを成し遂げた二人に対して「どうか、わしをも仲間に入れてくれまいか。どうか、わしの願いを聞き入れて、おまえらの仲間の一人にしてほしい」（L278〜279）と頼むのである。物語後半のメロス、セリヌンティウス、そしてディオニスの三人の行動や言葉を踏まえれば、『走れメロス』の主題は、「『信実』（あるいは『人として守るべき美しいもの』）の存在を信じ、それを実現するために全力を尽くすことのすばらしさ」だと、私は考える。「まにあう、まにあわぬは問題でないのだ」。「信実」を守り抜くために、結果を問わずに、今、全力を尽くすこと、それが尊いのだ。

生徒は、学習課題に取り組む過程で『走れメロス』本文を何度も読み、必要な情報を取り出し、自分なりの解釈を深めているはずである。主題はその先に、一人一人の解釈の延長線上に考えられるものであり、唯一絶対のものとしてどこかに客観的に存在しているのではない。あとは、一人一人の生徒が自分の考える主題について発表し、互いに考えの多様性を認めつつ、自分自身の意見をより深めたり広げたりすることが求められているのである。そして、このようなことを実現できる能力の育成が、平成20年版中学校学習指導要領国語の重要なねらいの一つなのである。

■学習課題と学習のプロセス（「情報の取り出し」、「解釈」、「熟考・評価」）

学習課題1「メロスとディオニスの共通点は何か」、**学習課題2**「メロスはどんな困難・誘惑と戦ったのか」という学習課題を解決するためには、理解した文章内容から課題解決に必要な内容を情報として取り出し、整理する必要がある。このような学習活動は、主として「情報の取り出し」にあたる。

また、**学習課題3**「山賊はディオニスの命令でメロスを待ち伏せていたのか」、**学習課題4**「真の勇者は誰か」、**学習課題5**「主人公は誰か」という学習課題を解決するためには、取り出した情報をもとにして生徒一人一人が推理・推論する学習活動が必要となる。このような推理・推論する学習活動は、主として「解釈」にあたる。

さらに**学習課題6**「表現上の効果について考えよう」は、物語中の表現の効果について、生徒一人一人が確かな根拠に基づいて自分の考えをまとめることを求めている。テキストに基づきつつ、テキストには書かれていないことについて自分の考えをまとめる学習活動であり、このような学習活動は、主として「熟考・評価」にあたる。

3 『故郷』——楊《ヤン》おばさんに着目して

故郷

魯迅《ろじん》《ルーシュン》　竹内《たけうち》好《よしみ》・訳

厳しい寒さの中を、二千里の果てから、別れて二十年にもなる故郷へ、わたしは帰った。もう真冬の候であった。そのうえ故郷へ近づくにつれて、空模様は怪しくなり、冷たい風がヒューヒュー音をたてて、船の中まで吹き込んできた。苫《とま》のすきまから外をうかがうと、鉛色の空の下、わびしい村々が、いささかの活気もなく、あちこちに横たわっていた。覚えず寂寥《せきりょう》の感が胸にこみあげた。

ああ、これが二十年来、片時も忘れることのなかった故郷であろうか。

わたしの覚えている故郷は、まるでこんなふうではなかった。わたしの故郷は、もっとずっとよかった。その美しさを思い浮かべ、その長所を言葉に表そうとすると、しかし、

5

その影はかき消され、言葉は失われてしまう。やはりこんなふうだったかもしれないという気がしてくる。そこでわたしは、こう自分に言い聞かせた。もともと故郷はこんなふうなのだ――進歩もないかわりに、わたしが感じるような寂寥もありはしない。そう感じるのは、自分の心境が変わっただけだ。なぜなら、今度の帰郷は決して楽しいものではないのだから。

今度は、故郷に別れを告げに来たのである。わたしたちが長いこと一族で住んでいた古い家は、今はもう他人の持ち物になってしまった。明け渡しの期限は今年いっぱいである。どうしても旧暦の正月の前に、住み慣れた古い家に別れ、なじみ深い故郷をあとにして、わたしが今暮らしを立てている異郷の地へ引っ越さねばならない。

明くる日の朝早く、わたしはわが家の表門に立った。屋根には一面に枯れ草のやれ茎が、おりからの風になびいて、この古い家が持ち主を変えるほかなかった理由を説き明かし顔である。一緒に住んでいた親戚たちは、もう引っ越してしまったあとらしく、ひっそり閑としている。自宅の庭先まで来てみると、母はもう迎えに出ていた。あとから八歳になる甥《おい》の宏児《ホンル》もとび出した。

母は機嫌よかったが、さすがにやるせない表情は隠しきれなかった。わたしを座らせ、休ませ、茶をついでくれなどして、すぐ引っ越しの話はもち出さない。宏児は、わたしとは初対面なので、離れた所に立って、じっとわたしの方を見つめていた。

だが、とうとう引っ越しの話になった。わたしは、あちらの家はもう借りてあること、家具も少しは買ったこと、あとは家にある道具類をみんな売り払って、その金で買いたせばよいこと、などを話した。母もそれに賛成した。そして、荷造りもほぼ終わったこと、かさばる道具類は半分ほど処分したが、よい値にならなかったことなどを話した。

「一、二日休んだら、親戚回りをしてね、そのうえでたつとしよう。」と母は言った。

「ええ。」

「それから、閏土《ルントー》ね。あれが、いつも家へ来るたびに、おまえのうわさをしては、しきりに会いたがっていましたよ。おまえが着くおよその日取りは知らせておいたから、いまに来るかもしれない。」

この時突然、わたしの脳裏に不思議な画面が繰り広げられた——紺碧《こんぺき》の空に金色の丸い月がかかっている。その下は海辺の砂地で、見渡す限り緑の西瓜《すいか》が植わっている。そのまん中に十一、二歳の少年が、銀の首輪をつるし、鉄の刺叉《さすまた》を手にして立っている。そして一匹の「猹《チャー》」を目がけて、ヤッとばかり突く。すると「猹」は、ひらりと身をかわして、彼のまたをくぐって逃げてしまう。

この少年が閏土である。彼と知り合った時、わたしもまだ十歳そこそこだった。もう三十年近い昔のことである。そのころは、父もまだ生きていたし、家の暮らし向きも楽で、わたしは坊ちゃんでいられた。ちょうどその年は、わが家が大祭の当番にあたっていた。この祭りの当番というのが、三十何年めにただ一回順番が回ってくるとかで、ごく大切な行事だった。正月に、祖先の像を祭るのである。さまざまの供物をささげ、祭器もよく吟味するし、参詣の人も多かったので、祭器をとられぬように番をする必要があった。わたしの家には「忙月《マンユエ》」が一人いるだけである。（わたしの郷里では、雇い人は三種類ある。年間通して決まった家で働くのが「長年《チャンネン》」、日決めで働くのが「短工《トアンクン》」、自分でも耕作するかたわら、年末や節季や年貢集めの時などに、決まった家へ来て働くのが「忙月」と呼ばれた。）一人では手が足りぬので、彼は自分の息子の閏土に祭器の番をさせたいが、とわたしの父に申し出た。

父はそれを許した。わたしもうれしかった。というのは、かねて閏土という名は耳にしていたし、同じ年ごろなこと、また閏《うるう》月の生まれで、五行《ごぎょう》の土《ど》が欠けているので父親が閏土と名づけたことも承知していたから。彼はわなをかけて小鳥を捕るのがうまかった。

それからというもの、来る日も来る日も新年が待ち遠しかった。新年になれば閏土がやってくる。待ちに待った年末になり、ある日のこと、母がわたしに、閏土が来たと知らせてくれた。とんでいってみると、彼は台所にいた。つやのいい丸顔で、小さな毛織りの帽子をかぶり、キラキラ光る銀の首輪をはめていた。それは父親の溺愛《できあい》ぶりを示すもので、どうか息子が死なないようにと神仏に願をかけて、その首輪でつなぎ止めてあるのだ。彼は人見知りだったが、わたしにだけは平気で、そばにだれもいないとよく口をきいた。半日もせずにわたしたちは仲よくなった。

その時何をしゃべったかは、覚えていない。ただ閏土が、城内へ来ていろいろ珍しいものを見たといって、はしゃいでいたことだけは記憶に残っている。

明くる日、鳥を捕ってくれと頼むと、彼は、

「だめだよ。大雪が降ってからでなきゃ。おいらとこ、砂地に雪が降るだろ。そうしたら雪をかいて、少し空き地をこしらえるんだ。それから、大きなかごを持ってきて、短いつっかえ棒をかって、くずもみをまくんだ。そうすると、小鳥が来て食うから、その時遠くの方から、棒に結わえてある縄を引っぱるんだ。そうすると、みんなかごから逃げられないんだ。なんだっているぜ。稲鶏《タオチー》だの、角鶏《チアオチー》だの、鳩《はと》だの、藍背《ランペイ》だの……。」

それからは雪の降るのが待ち遠しくなった。

閏土はまた言うのだ。

「今は寒いけどな、夏になったら、おいらとこへ来るといいや。おいら、昼間は海へ貝

殻拾いに行くんだ。赤いのも、青いのも、なんでもあるよ。『鬼おどし』もあるし、『観音様の手』もあるよ。晩には父ちゃんと西瓜の番に行くのさ。おまえも来いよ。」

「どろぼうの番？」

「そうじゃない。通りがかりの人が、のどが渇いて西瓜を取って食ったって、そんなの、おいらとこじゃどろぼうなんて思やしない。番するのは、あなぐまや、はりねずみや、猹さ。月のある晩に、いいかい、ガリガリって音がしたら、猹が西瓜をかじってるんだ。そうしたら手に刺叉を持って、忍び寄って……。」

　その時わたしはその「猹」というのがどんなものか、見当もつかなかった――今でも見当はつかない――が、ただなんとなく、小犬のような、そして獰猛《どうもう》な動物だという感じがした。

「かみつかない？」

「刺叉があるじゃないか。忍び寄って、猹を見つけたら突くのさ。あんちくしょう、りこうだから、こっちへ走ってくるよ。そうしてまたをくぐって逃げてしまうよ。なにしろ毛が油みたいに滑っこくて……。」

　こんなにたくさん珍しいことがあろうなど、それまでわたしは思ってもみなかった。海には、そのような五色の貝殻があるものなのか。西瓜には、こんな危険な経歴があるものなのか。わたしは西瓜といえば、果物屋に売っているものとばかり思っていた。

「おいらとこの砂地では、高潮の時分になると『跳ね魚』がいっぱい跳ねるよ。みんなかえるみたいな足が二本あって……。」

ああ、閏土の心は神秘の宝庫で、わたしの遊び仲間とは大違いだ。こんなことはわたしの友達は何も知ってはいない。閏土が海辺にいる時、彼らはわたしと同様、高い塀に囲まれた中庭から四角な空を眺めているだけなのだ。

惜しくも正月は過ぎて、閏土は家へ帰らねばならなかった。別れがつらくて、わたしは声をあげて泣いた。閏土も台所の隅に隠れて、嫌がって泣いていたが、とうとう父親に連れてゆかれた。そのあと、彼は父親にことづけて、貝殻を一包みと、美しい鳥の羽を何本か届けてくれた。わたしも一、二度何か贈り物をしたが、それきり顔を合わす機会はなかった。

今、母の口から彼の名が出たので、この子供のころの思い出が、電光のように一挙によみがえり、わたしはやっと美しい故郷を見た思いがした。わたしはすぐこう答えた。

「そりゃいいな。で――今、どんな？　……」

「どんなって……やっぱり、楽ではないようだが……。」そう答えて母は、戸外へ目をやった。

「あの連中、また来ている。道具を買うという口実で、その辺にあるものを勝手に持っていくのさ。ちょっと見てくるからね。」

母は立ち上がって出ていった。外では、数人の女の声がしていた。わたしは宏児をこちらへ呼んで、話し相手になってやった。字は書ける？ よそへ行くの、うれしい？ などなど。

「汽車に乗ってゆくの？」

「汽車に乗ってゆくんだよ。」

「お船は？」

「初めに、お船に乗って……。」

「まあまあ、こんなになって、ひげをこんなに生やして。」不意にかん高い声が響いた。

びっくりして頭を上げてみると、わたしの前には、ほお骨の出た、唇の薄い、五十がらみの女が立っていた。両手を腰にあてがい、スカートをはかないズボン姿で足を開いて立ったところは、まるで製図用の脚の細いコンパスそっくりだった。

わたしはドキンとした。

「忘れたかね？ よくだっこしてあげたものだが。」

ますますドキンとした。幸い、母が現れて口添えしてくれた。

「長いこと家にいなかったから、見忘れてしまってね。おまえ、覚えているだろ。」とわたしに向かって、「ほら、筋向かいの楊《ヤン》おばさん……豆腐屋の。」

そうそう、思い出した。そういえば子供のころ、筋向かいの豆腐屋に、楊おばさんという人が一日じゅう座っていて、「豆腐屋小町」と呼ばれていたっけ。しかし、その人なら白粉《おしろい》を塗っていたし、ほお骨もこんなに出ていないし、唇もこんなに薄くはなかったはずだ。それに一日じゅう座っていたのだから、こんなコンパスのような姿勢は、見ようにも見られなかった。そのころうわさでは、彼女のおかげで豆腐屋は商売繁盛だとされた。たぶん年齢のせいだろうか、わたしはそういうことにさっぱり関心がなかった。そのため見忘れてしまったのである。ところがコンパスのほうでは、それがいかにも不服らしく、さげすむような表情を見せた。まるでフランス人のくせにナポレオンを知らず、アメリカ人のくせにワシントンを知らぬのをあざけるといった調子で、冷笑を浮かべながら、

「忘れたのかい？　なにしろ身分のあるおかたは目が上を向いているからね……。」

「そんなわけじゃないよ……ぼくは……。」わたしはどぎまぎして、立ち上がった。

「それならね、お聞きなさいよ、迅《シュン》ちゃん。あんた、金持ちになったんでしょ。持ち運びだって、重くて不便ですよ。こんなガラクタ道具、じゃまだから、あたしにくれてし

まいなさいよ。あたしたち貧乏人には、けっこう役に立ちますからね。」

「ぼくは金持ちじゃないよ。これを売って、その金で……。」

「おやおや、まあまあ、知事様になっても金持ちじゃない？　現にお妾《めかけ》が三人もいて、お出ましは八人かきのかごで、それでも金持ちじゃない？　フン、だまそうたって、そうはいきませんよ。」

返事のしようがないので、わたしは口を閉じたまま立っていた。

「ああ、ああ、金がたまれば財布のひもを締める。財布のひもを締めるからまたたまる……。」コンパスは、ふくれっつらで背を向けると、ぶつぶつ言いながら、ゆっくりした足どりで出ていった。行きがけの駄賃に母の手袋をズボンの下へねじ込んで。

そのあと、近所にいる親戚が何人も訪ねてきた。その応対に追われながら、暇をみて荷ごしらえをした。そんなことで四、五日つぶれた。

ある寒い日の午後、わたしは食後の茶でくつろいでいた。表に人の気配がしたので、振り向いてみた。思わずアッと声が出かかった。急いで立ち上がって迎えた。

来た客は閏土である。ひと目で閏土とわかったものの、その閏土は、わたしの記憶にある閏土とは似もつかなかった。背丈は倍ほどになり、昔のつやのいい丸顔は、今では黄ばんだ色に変わり、しかも深いしわがたたまれていた。目も、彼の父親がそうであったように、周りが赤くはれている。わたしは知っている。海辺で耕作する者は、一日じゅう潮風に吹かれるせいで、よくこうなる。頭には古ぼけた毛織りの帽子、身には薄手の綿入れ一枚、全身ぶるぶる震えている。紙包みと長いきせるを手に提げている。その手も、わたしの記憶にある血色のいい、まるまるした手ではなく、太い、節くれだった、しかもひび割れた、松の幹のような手である。

わたしは感激で胸がいっぱいになり、しかしどう口をきいたものやら思案がつかぬままに、ひと言、

「ああ、閏《ルン》ちゃん——よく来たね……。」

続いて言いたいことが、あとからあとから、数珠つなぎになって出かかった。角鶏、跳ね魚、貝殻、猹……だがそれらは、何かでせき止められたように、頭の中を駆けめぐるだけで、口からは出なかった。

彼は突っ立ったままだった。喜びと寂しさの色が顔に現れた。唇が動いたが、声にはならなかった。最後に、恭しい態度に変わって、はっきりこう言った。

「だんな様！　……。」

わたしは身震いしたらしかった。悲しむべき厚い壁が、二人の間を隔ててしまったのを感じた。わたしは口がきけなかった。

彼は後ろを向いて、「水生《シュイション》、だんな様にお辞儀しな。」と言って、彼の背に隠れていた子供を前へ出した。これぞまさしく三十年前の閏土であった。いくらかやせて、顔色が悪く、銀の首輪もしていない違いはあるけれども。「これが五番めの子でございます。世間へ出さぬものですから、おどおどしておりまして……。」

母と宏児が二階から降りてきた。話し声を聞きつけたのだろう。

「ご隠居様、お手紙は早くにいただきました。全く、うれしくてたまりませんでした、だんな様がお帰りになると聞きまして……。」と閏土は言った。

「まあ、なんだってそんな、他人行儀にするんだね。おまえたち、昔は兄弟の仲じゃないか。昔のように、迅ちゃん、でいいんだよ。」と母は、うれしそうに言った。

「めっそうな、ご隠居様、なんとも……とんでもないことでございます。あのころは子供で、なんのわきまえもなく……。」そしてまたも水生を前に出してお辞儀させようとしたが、子供ははにかんで、父親の背にしがみついたままだった。

「これが水生？　五番めだね。知らない人ばかりだから、はにかむのも無理ない。宏児や、あちらで一緒に遊んでおやり。」と母は言った。

言われて宏児は、水生を誘い、水生もうれしそうに、そろって出ていった。母は閏土に席を勧めた。彼はしばらくためらったあと、ようやく腰を下ろした。長ぎせるをテーブルに立てかけて、紙包みを差し出した。

「冬場は、ろくなものがございません。少しばかり、青豆の干したのですが、自分とこのですから、どうかだんな様に……。」

わたしは、暮らし向きについて尋ねた。彼は首を振るばかりだった。

「とてもとても。今では六番めの子も役に立ちますが、それでも追っつけません……世間は物騒だし……どっちを向いても金は取られほうだい、きまりもなにも……作柄もよくございません。作った物を売りに行けば、何度も税金を取られて、元は切れるし、そうかといって売らなければ、腐らせるばかりで……。」

首を振りどおしである。顔にはたくさんのしわがたたまれているが、まるで石像のように、そのしわは少しも動かなかった。苦しみを感じはしても、それを言い表すすべがないように、しばらく沈黙し、それからきせるを取り上げて、黙々とたばこをふかした。

母が都合をきくと、家に用が多いから、明日は帰らねばならぬという。それに昼飯もまだと言うので、自分で台所へ行って、飯をいためて食べるように勧めた。

彼が出ていったあと、母とわたしとは彼の境遇を思ってため息をついた。子だくさん、凶作、重い税金、兵隊、匪賊《ひぞく》、役人、地主、みんな寄ってたかって彼をいじめて、デクノボーみたいな人間にしてしまったのだ。母は、持っていかぬ品物はみんなくれてやろう、好きなように選ばせよう、とわたしに言った。

午後、彼は品物を選び出した。長テーブル二個、いす四脚、香炉と燭台《しょくだい》一組み、大《おお》秤《ばかり》一本。そのほかわら灰もみんな欲しいと言った。（わたしたちのところでは、炊事の時わらを燃す。その灰は砂地の肥料になる。）わたしたちが旅立つ時来て船で運ぶ、と言った。

夜はまた世間話をした。とりとめのない話ばかりだった。明くる日の朝、彼は水生を連れて帰っていった。

それからまた九日して、わたしたちの旅立ちの日になった。閏土は朝から来ていた。水生は連れずに、五歳になる女の子に船の番をさせていた。それぞれに一日じゅう忙しくて、もう話をする暇はなかった。客も多かった。見送りに来る者、品物を取りに来る者、見送りがてら品物を取りに来る者。夕方になって、わたしたちが船に乗り込むころには、この古い家にあった大小さまざまのガラクタ類は、すっかり片づいていた。

船はひたすら前進した。両岸の緑の山々は、たそがれの中で薄墨色に変わり、次々と船尾に消えた。

わたしと一緒に窓辺にもたれて、暮れてゆく外の景色を眺めていた宏児が、ふと問いかけた。

「おじさん、ぼくたち、いつ帰ってくるの？」

「帰ってくる？　どうしてまた、行きもしないうちに、帰るなんて考えたんだい？」

「だって、水生がぼくに、家へ遊びに来いって。」

大きな黒い目をみはって、彼はじっと考えこんでいた。

わたしも、わたしの母も、はっと胸をつかれた。そして話がまた閏土のことに戻った。母はこう語った。例の豆腐屋小町の楊おばさんは、わたしの家で片づけが始まってから、毎日必ずやってきたが、おととい、灰の山からわんや皿を十個あまり掘り出した。あれこれ議論の末、それは閏土が埋めておいたにちがいない、灰を運ぶ時、一緒に持ち帰れるから、という結論になった。楊おばさんは、この発見を手柄顔に、「犬じらし」（これはわたしたちのところで鶏を飼うのに使う。木の板にさくを取り付けた道具で、中に食べ物を入れておくと、鶏は首を伸ばしてついばむことができるが、犬にはできないので、見てじれるだけである。）をつかんで飛ぶように走り去った。てん足用の底の高い靴で、よくもと思うほど速かったそうだ。

古い家はますます遠くなり、故郷の山や水もますます遠くなる。だが名残惜しい気はしない。自分の周りに目に見えぬ高い壁があって、その中に自分だけ取り残されたように、気がめいるだけである。西瓜畑の銀の首輪の小英雄の面影は、もとは鮮明このうえなかったのが、今では急にぼんやりしてしまった。これもたまらなく悲しい。

母と宏児とは寝入った。

わたしも横になって、船の底に水のぶつかる音を聞きながら、今、自分は、自分の道を歩いているとわかった。思えばわたしと閏土との距離は全く遠くなったが、若い世代は今でも心が通い合い、現に宏児は水生のことを慕っている。せめて彼らだけは、わたしと違って、互いに隔絶することのないように……とはいっても、彼らが一つ心でいたいがために、わたしのように、無駄の積み重ねで魂をすり減らす生活をともにすることは願わない。また閏土のように、打ちひしがれて心がまひする生活をともにすることも願わない。また他の人のように、やけを起こしてのほうずに走る生活をともにすることも願わない。希望をいえば、彼らは新しい生活をもたなくてはならない。わたしたちの経験しなかった新しい生活を。

希望という考えが浮かんだので、わたしはどきっとした。たしか閏土が香炉と燭台を所望した時、わたしはあい変わらずの偶像崇拝だな、いつになったら忘れるつもりかと、心ひそかに彼のことを笑ったものだが、今わたしのいう希望も、やはり手製の偶像にすぎぬのではないか。ただ彼の望むものはすぐ手に入り、わたしの望むものは手に入りにくいだけだ。

まどろみかけたわたしの目に、海辺の広い緑の砂地が浮かんでくる。その上の紺碧の空には、金色の丸い月がかかっている。思うに希望とは、もともとあるものとも言えぬし、ないものとも言えない。それは地上の道のようなものである。もともと地上には道はない。歩く人が多くなれば、それが道になるのだ。

二〇〇六年度版『伝え合う言葉　中学国語３』（教育出版）による

250

『故郷』（魯迅　竹内好・訳）は、描かれている時代がやや古く、その舞台も当時の中国の農村であることから、内容理解にやや難しい部分もあると考えられる。しかしながら、『故郷』は『走れメロス』同様、二〇一〇年現在発行されているすべての中学校国語科教科書に掲載されている教材であり、中学校国語科における定番教材として代表的なものである。本稿では、内容理解のうえでの難しさを乗り越え、『故郷』の授業を生徒にとって魅力的なものとするための指導方法及び学習課題について述べる。

学習課題1「だんな様！　……」に込められた閏土《ルントー》の思いを考えよう

『故郷』の中で、「わたし」がほぼ三十年ぶりに閏土と再会する場面は、中学生にとって強く印象に残る場面の一つである。

わたしは感激で胸がいっぱいになり、しかしどう口をきいたものやら思案がつかぬままに、ひと言、

「ああ、閏《ルン》ちゃん――よく来たね……。」

続いて言いたいことが、あとからあとから、数珠つなぎになって出かかった。角鶏《チャオチー》、跳ね魚、

貝殻、猹《チャー》……だがそれらは、何かでせき止められたように、頭の中を駆けめぐるだけで、口からは出なかった。

彼は突っ立ったままだった。喜びと寂しさの色が顔に現れた。唇が動いたが、声にはならなかった。最後に、恭しい態度に変わって、はっきりこう言った。

「だんな様！　……。」

わたしは身震いしたらしかった。悲しむべき厚い壁が、二人の間を隔ててしまったのを感じた。わたしは口がきけなかった。（L158〜168）

『故郷』という作品を理解するうえで、この場面を取り上げることは有効である。そして、この場面を取り上げるとすれば、やはり「だんな様！　……。」と言った閏土の気持ちについて考えさせたくなる。考えさせたくなるのであるが、教師が授業において、生徒に考えさせるためには、「なんのために」「どのようにして」というその目的と具体的な方法とをしっかりもっていなくてはならない。それでは、この場面の閏土の気持ちを考えさせるのは「なんのため」か。もちろん『故郷』についての理解を深めるためである。すなわち、この場面での「わたし」と閏土との関係を考える活動をとおして、第三学年「C読むこと」の指導事項「イ　文章の論理の展開の仕方、場面や登場人物の設定の仕方をとらえ、内容の理解に役立てること」にかかわる言語能力を生徒に育成することができるからである。それでは、どのようにしてこの場面を扱うのか。

私の講義する「中学校国語科指導法」を受講している一人の学生が、このことについて次のような思い出話をしてくれた。

「中学校での国語の授業中に、先生から、『なぜ閏土は「だんな様！」と言ったのだろうか』と質問をされて、一生懸命考えたのですが、自信のある答えが思い浮かびませんでした。たぶん、ほかの人もそうだったのだと思います。それで、教室の中が静かになってしまいました。誰も発言しないまま、先生が示してくれた答えは、『悲しむべき厚い壁が、二人の間を隔ててしまったから』というものだったのです。それを聞いたとき、なんかとても損をした気持ちになってしまいました。そんなことならわかっていたんです。わざわざ質問するからには、もっと違うことがあるのかと思って考えていたのに。それくらいのことなら、わざわざ質問しなくても、簡単に確認すればすむことだと思いました。」

おおよそこのような内容であった。この学生の言うとおりである。国語科教師は、そんなわかりきったことを生徒に質問してはいけないのだ。（もちろん、内容の確認のためには必要な場合もあるが。）中学生に「1＋1はいくつ？」と質問すれば、尋ねられた中学生はまごつくばかりであろう。国語の授業を受けている中学生の大部分は、日常生活において日本語を自由に使っているのである。国語科教師は、それだけの日本語能力を有している生徒に日本語を教えるという困難さを肝に銘じ、緊張感をもって授業に臨まなくてはならない。

確かに、「なぜ閏土は『だんな様!』と言ったのだろうか」という問いは、閏土の気持ちを考えるうえで、大切な質問と思われる。しかし、その問いに対する答えとして、「悲しむべき厚い壁が、二人の間を隔ててしまったから」としか考えられない教師は、この問いを発してはいけない。なぜか。それではあまりに当然すぎて考える余地がないし、何よりも生徒の思考活動においてスリルとサスペンスが生まれるべくもないからである。それにもまして、そのような単純な問いと答えに終始する授業が行われれば行われるほど、授業は緊張感をなくし、なんの感動も成就感も生まない無気力な活動となり、ついには国語嫌いを生み出す時間とならざるをえないだろう。

それでは、この場面について、教師がどのように指導することでスリルとサスペンスが生まれることになるのか。それは、少なくとも「だんな様!」といった理由を単純に「悲しむべき厚い壁」だけに求めることのない解釈を生徒に提示することである。

ここでも、15ページ「基礎的な知識・技能」の「カ　視点の転換」が大きな効果を発揮することになる。この場面は、「わたし」の視点で叙述がなされている。その視点を転換して、「閏土」

の視点でこの場面をとらえ直し、閏土の立場で考えてみることが読みを深めることになる。

閏土の視点からこの場面をとらえるための秀逸な発問が、熊本県上益城郡甲佐町立甲佐中学校における小田和也教諭の実践（『教育科学国語教育　平成一三年三月号』明治図書）にある。ここではこれらの発問に示唆を得ながら、私なりに考えを進めてみたい。

三十年ぶりに「わたし」と対面した閏土は、「感激で胸がいっぱい」（L158）になった「わたし」とは異なり、顔に「喜びと寂しさの色」（L164）が現れたのである。なぜ閏土は、三十年ぶりに「わたし」と会って、「喜び」と「寂しさ」を感じたのか。「わたし」が「感激で胸がいっぱい」になったのに、なぜ閏土は「喜び」で胸がいっぱいにならなかったのか。閏土は、何を「喜び」、何に「寂しさ」を感じたのであろうか。いや、三十年ぶりの再会の瞬間、閏土も「わたし」が感激したように、最初は「喜び」の感情に襲われたのだ。しかし、その「喜び」の感情のあとから、「寂しさ」の感情もわき上がってきたのだ。このことは、「唇が動いたが、声にはならなかった」（L164～165）という叙述からも明らかである。声にはならなかったが、唇は動いたのである。

ここでぜひ、生徒に次のような問いを投げかけたい。

「声にはならなかったが、もし、その唇の動きが声になったとしたら、なんと言ったのだろう。」

この問いに多くの生徒は、ハッとしたように「迅《シュン》ちゃん！」と答えるはずである。そうなのだ、

「わたし」の「ああ、閏《ルン》ちゃん――よく来たね……。」という言葉を受けて、閏土もその瞬間には、「喜び」とともに、確かに「迅ちゃん！」と言いかけたのだ。しかし、閏土は懐かしい「迅ちゃん」という言葉を飲み込み、最後には恭しい態度に変わって、はっきりと「だんな様！」と言ったのだ。このわずかな時間のうちに、なぜ閏土の気持ちは、「喜び」から「寂しさ」に変化したのか。このことを考える学習活動は必ずや生徒にスリルとサスペンスを与えるはずである。

閏土は、いつも家へ来るたびに「うわさをしては、しきりに会いたがって」いたにもかかわらず、「昔のように、迅ちゃん、でいいんだよ」と言う「母」に対して、「めっそうな、ご隠居様、なんとも……とんでもないことでございます。あのころは子供で、なんのわきまえもなく……」（L

故郷

三年　　組　　番
名前

学習課題1

「だんな様！　……」に込められた閏土の思いを考えよう

■約三十年ぶりに再会した「わたし」と「閏土」のせりふをもとに、二人の心境を表している叙述を抜き出そう。

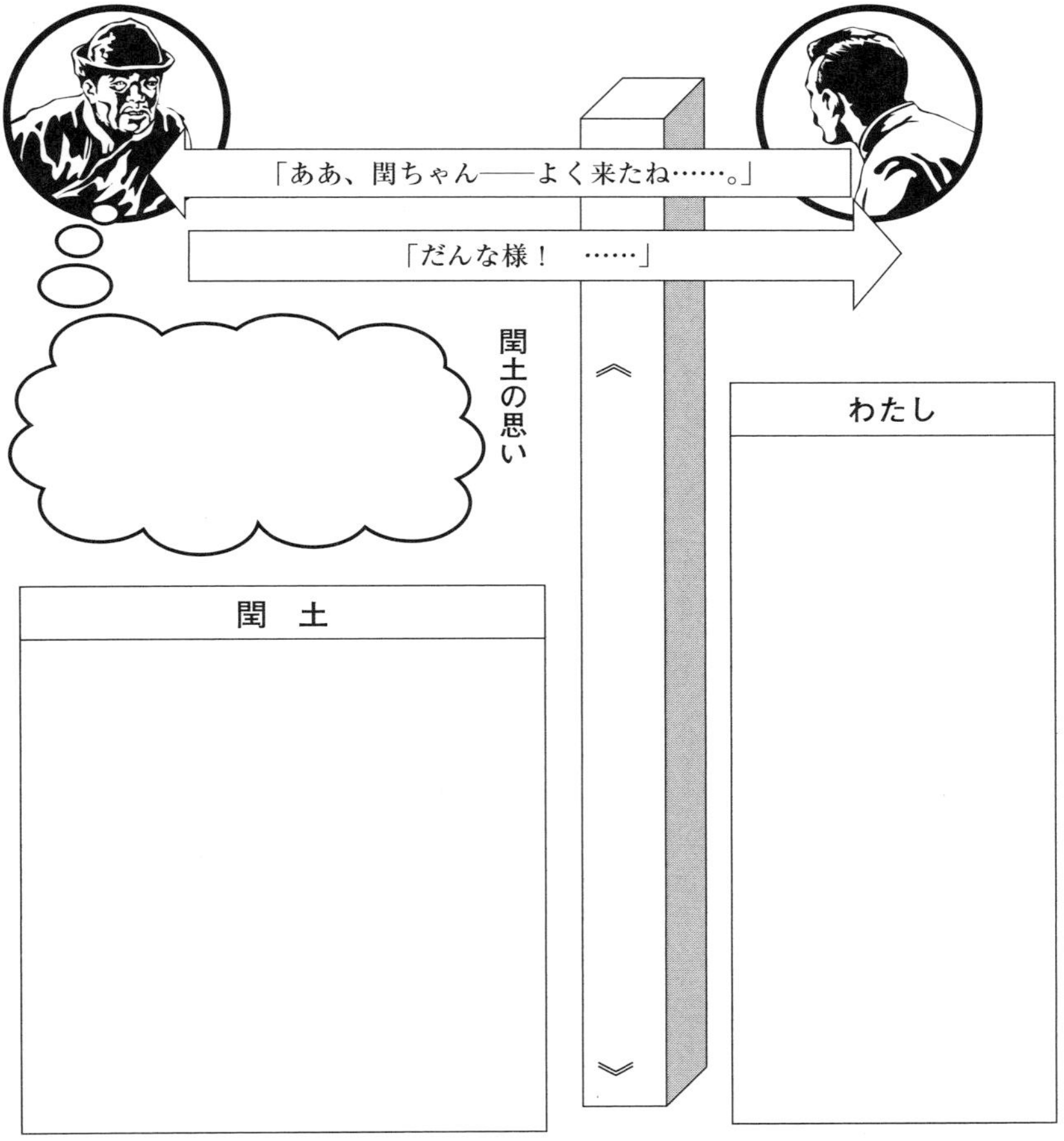
「ああ、閏ちゃん――よく来たね……。」
「だんな様！　……」
閏土の思い
閏　土
わたし

178～179）と言うほどに、この再会の場面で変わってしまったのである。このような閏土の変化はなぜ生じたのか。この問いに答えるためには、「最後に、恭しい態度に変わって」（L165）という叙述に注意する必要がある。なぜ、閏土は、「最後に、恭しい態度に変わっ」たのか、それを閏土の立場から考えてみるのである。「喜びと寂しさの色が顔に現れ」てから「最後に、恭しい態度に変わ」るまでの閏土は、どのような経験をしたのか。そのわずかの時間、閏土が目にしていたのは何か。閏土が見つめていたのは、三十年ぶりに「再会」した「わたし」だったのだ。再会したその瞬間には、閏土は、三十年前の思い出と一緒に「喜び」の感情がわき上がってきたのだが、最後にはその「喜び」が打ち消されてしまうような何かを閏土は、「わたし」の上に見いだしたのに違いない。だからこそ、閏土は「迅ちゃん！」という言葉を飲み込んでしまったのだ。はたして閏土の目には、三十年ぶりの「わたし」はどのように映ったのか。

「続いて言いたいことが、あとからあとから、数珠つなぎになって出かかった。角鶏、跳ね魚、貝殻、猹……だがそれらは、何かでせき止められたように、頭の中を駆けめぐるだけで、口からは出なかった」（L161～163）。この時、「何かでせき止められたように」言葉を発することのない「わたし」の姿に、そしてその心情に、閏土は、何を見いだし、何を感じたのであろうか。残念ながら、閏土の目に、そして心に「わたし」がどのように映ったのか、感じられたのかは叙述されていない。

叙述されていない以上、閏土の気持ちの追究はここであきらめるしかないのだろうか。いや、ここで重要な役割を演じることになるのが、「楊《ヤン》おばさん」なのである。

「楊おばさん」と閏土は、この三十年間で同じように変化している。すなわち、楊おばさんは、三十年前は「豆腐屋小町」と呼ばれるほど美しかったのだが、現在は「ほお骨の出た、唇の薄い、五十がらみの女」であり、まるで「製図用の脚の細いコンパスそっくり」なのである。一方、閏土は、三十年前は「西瓜畑の銀の首輪の小英雄」であり「わたし」のあこがれでもあったのだが、現在は「黙々とたばこをふか」すだけであり、まるで「デクノボーみたいな人間」（L199〜200）になってしまったのである。閏土との間にこのような共通点をもつ楊おばさんの目に、「わたし」がどのように映ったのかを考えることは、閏土が「わたし」にどのような印象をもったのかを考えるうえで大きなヒントを提供してくれる。

「まあまあ、こんなになって、ひげをこんなに生やして」（L114）、「忘れたのかい？　なにしろ身分のあるおかたは目が上を向いているからね……」（L133）、これが、楊おばさんから見た（ということは、閏土をも含む「故郷」の人たちから見た、）三十年ぶりの「わたし」の姿なのだ。この「わたし」の姿こそ、閏土の態度が「恭しい態度に変わっ」た理由なのだ。閏土の示した「恭しい態度」こそ、身分のあるおかた（「地主」）に対する「雇い人」の態度にほかならない。

しかし閏土は、「わたし」との間に地主と小作人（忙月《マンユェ》）という身分の差（＝「悲しむべき厚い壁」）があることなど、再会する前から十分に承知していたのだ。それにもかかわらず、閏土は、三十年前の思い出を信じ、あの時と同じ態度や雰囲気を「わたし」に求めていたにちがいない。だからこそ、「いつも家へ来るたびに、おまえのうわさをしては、しきりに会いたがって」（L32～33）いたのだ。だが、その期待は裏切られた。「わたし」が閏土を「デクノボーみたいな人間」と思ったのと同様、閏土は「何かでせき止められたように」口を開かない「わたし」の姿に、ひげをはやした「地主」のような姿を見いだしたのだ。いくら幼なじみであっても、寄ってたかって自分をいじめる「地主」然とした人を「迅ちゃん」とは呼べない。自分の頭の中にあるあの三十年前の「迅ちゃん」はもういないのである。そうわかったからこそ、「はっきり」と「だんな様！」と言ったのにちがいない。これが、閏土が「わたし」を「だんな様！」と呼んだ理由である。

ここまで述べてきた内容を生徒に実感させるための学習活動としては、「迅ちゃん」役と「閏土」役の生徒を指定し、この再会場面を簡単に演じさせる学習活動（劇化）が有効であろう。閏土の動作を再現することで、その行動に込められた閏土の気持ちを理解することができるであろう。

自分だけは三十年前の気持ちや態度をもち続けていると思い込んでいる「わたし」の姿は、この『故郷』という小説を読み進めていくうえで見落としてはならないものである。『故郷』においては、「わたし」が思い込みに基づく狭い視点から故郷や故郷の人々をとらえようとすればするほど、そのような一方的な思い込みではとらえきれない故郷や故郷の人々の姿が明らかとなる。閏土の「だんな様!」は、その一例に過ぎないと言えよう。

学習課題2　閏土《ルントー》は本当に「デクノボー」なのか

彼が出ていったあと、母とわたしとは彼の境遇を思ってため息をついた。子だくさん、凶作、重い税金、兵隊、匪賊《ひぞく》、役人、地主、みんな寄ってたかって彼をいじめて、デクノボーみたいな人間にしてしまったのだ。(L198~200)

はたして閏土はデクノボーなのか。「母」と「わたし」はそう結論づけてはいるが、この二人の登場人物の閏土に対する判断は適切なのだろうか。読者としての中学生は「母」と「わたし」の判断や、閏土の外見や行動から「閏土はデクノボーである」と簡単に片づけてしまいがちだが、はたしてそれでいいのだろうか。そして、国語科教師としては、中学生にどのような読みを期待するのか。

「デクノボー」とは、「木偶《でく》の坊《ぼう》」のことであり、その意味は「人の言う通りに動くだけで、自主的には何事も為し得ぬ人」（三省堂『新明解国語辞典　第五版』）である。それでは、いったい、閏土のどのような考えや行動が、「母」や「わたし」に「デクノボー」と映ったのだろうか。

三十年ぶりに閏土と再会するまで、「わたし」は閏土のことを「西瓜《すいか》畑の銀の首輪の小英雄」（L232）と思っていたのであるから、「わたし」が閏土のことを「デクノボー」と思うようになったのは、再会後である。それでは、再会後の閏土はどのように描写されているのだろうか。「来た客は閏土である」（L150）から、閏土の姿についての細かな、そして具体的な描写が、L195まで続く。

・頭には古ぼけた毛織りの帽子、身には薄手の綿入れ一枚、全身ぶるぶる震えている。紙包みと長いきせるを手に提げている。その手も、わたしの記憶にある血色のいい、まるまるした手ではなく、太い、節くれだった、しかもひび割れた、松の幹のような手である。（L154～157）

・母は閏土に席を勧めた。彼はしばらくためらったあと、ようやく腰を下ろした。長ぎせるをテーブルに立てかけて、紙包みを差し出した。（L183～185）

・わたしは、暮らし向きについて尋ねた。彼は首を振るばかりだった。（L188）

・首を振りどおしである。顔にはたくさんのしわがたたまれているが、まるで石像のように、そのしわは少しも動かなかった。苦しみを感じはしても、それを言い表すすべがないように、し

ばらく沈黙し、それからきせるを取り上げて、黙々とたばこをふかした。（L193〜195）

これらの描写で、閏土を「デクノボー」と感じさせるのは、暮らし向きについて尋ねられた時に「首を振るばかり」で、自らの苦しみを言い表すすべがないように「沈黙し、それからきせるを取り上げて、黙々とたばこをふか」す姿であろう。確かにこのような閏土の姿は、「自主的には何事も為し得ぬ人」であることを連想させるものである。しかもそのような描写が繰り返されることにより、デクノボーとしての閏土の姿を読者に強く印象づけることになっている。このようなことから、中学生は、「閏土はデクノボーである」と思い込んでしまうのではないか。

それでは、なぜ閏土は沈黙がちなのか。「それから、閏土ね。あれが、いつも家へ来るたびに、おまえのうわさをしては、しきりに会いたがっていましたよ」（L32〜33）とあるように、閏土は、いつも沈黙しているのではない。「母」と何度も「わたし」のうわさ話をしているのである。しかし、今、その「わたし」を目の前にして、日々の生活に話が及んだときに、閏土は首を振るばかりで、沈黙してしまうのだ。それでは、閏土を沈黙させてしまう「わたし」は閏土の目にどのように映っているのか。残念ながら、閏土の「わたし」への気持ちや態度がわかるのは、**学習課題1**で取り上げた再会場面（L158〜168）しかない。そこで、ここでもまた、閏土と境遇の似ている楊《ヤン》おばさんが「わたし」をどう見ているかを考え、そのことから、閏土の「わたし」への気持ちや態度を考えることにする。このように本教材『故郷』において、「楊おばさん」に注目しつつ閏土の人柄や心情などについて考えることとは、第三学年「C読むこと」の指導事項「イ……登場人物の設定の仕方をとらえ、内容の理解に役立てること」にかかわる学習活動となる。

「わたし」に「まるで製図用の脚の細いコンパスそっくりだった」（L117）と生命のないコンパスにたとえられる楊おばさんの姿は、中学生に強い印象を与えるようである。そして、楊おばさんと言えば、「まるでフランス人のくせにナポレオンを知らず、アメリカ人のくせにワシントンを知らぬのをあざけるといった調子で、冷笑を浮かべ」る（L130～132）姿が強く印象に残るが、それにもまして鮮やかなのが、「『犬じらし』……をつかんで飛ぶように走り去った。てん足用の底の高い靴で、よくもと思うほど速かったそうだ」（L225～229）と描写されている姿である。ここには貧しくとも時に強欲に、時にずるがしこく、そして、たくましく生き抜いていく当時の民衆の姿が力強く描かれている。（ただし、このような楊おばさんの姿は、「わたし」には「やけを起こしてのほうずに走る生活」（L241）と映る。）そして、「行きがけの駄賃に母の手袋をズボンの下へねじ込」みながら帰っていく楊おばさんは、「フン、だまそうたって、そうはいきませんよ」（L140～141）とあるように、「わたし」を全く信用していない。**学習課題1**でみたように、この楊おばさんと閏土は似かよった生い立ちであり、現在の境遇もまた類似している。とすれば、この楊おばさんの「わたし」に対する考えや態度から、閏土の「わたし」への考えや態度を推測することも許されよう。

閏土は、小作人としてこの二十年の間に数かぎりなく「地主」にひどい仕打ちを受けてきたのである。それは、地主の息子である「わたし」自身が、「子だくさん、凶作、重い税金、兵隊、匪賊、役人、地主」が、「寄ってたかって彼をいじめて、デクノボーみたいな人間にしてしまった」（L198〜200）と思っていることからも明らかである。今や閏土は、「地主」を信用してはいないのである。だからこそ、閏土は、「持っていかぬ品物はみんなくれてやろう、好きなように選ばせよう」（L200〜201）としていた「母」や「わたし」の気持ちを裏切り、灰の山の中に「わんや皿を十個あまり」も埋めておき、ひそかに持ち出そうとしたのである。一見、「わたし」や「母」への裏切り行為とも思える閏土のこのような行為は、「あの連中、また来ている。道具を買うという口実で、その辺にあるものを勝手に持っていくのさ」（L105〜106）と母から不信の目で見られる（おそらくは楊おばさんをも含む）「数人の女」たちの行為と共通のものである。灰の山の中に隠された十個あまりのわんや皿について、あれこれ議論の末「それは閏土が埋めておいたにちがいない」（L224）と結論づけた時、楊おばさんには閏土の心の中が手に取るように明らかだったにちがいない。

生活苦のため薄手の綿入れ一枚しか身につけられず、寒さのために全身がぶるぶる震えていようが、閏土も家族を守るために、楊おばさんと同じように必死に生きてきたのだ。たとえ「偶像崇拝」と言われようが、閏土は自分たち家族の生活を少しでもよいものにしようと必死で祈っているのだ。そのために「香炉と燭台を所望した」（L244〜245）のである。このように、貧しい農民として必死で生き抜こうとしている閏土は、決してデクノボー（「人の言う通りに動くだけで、自主的には何事も為し得ぬ人」）などではない。閏土は、「だんな様（地主）」である「わたし」に自分たち小作人の苦しさなどわかるはずがないと思い、ただ黙々とたばこをふかしているのだ。（いや、もしかしたら黙っているのは、自分たち小作人をいじめる地主への不満を、かつては一緒に遊んだ「迅《シュン》ちゃん」に直接ぶつけたくないという気持ちの表れかもしれないのだ。）

鉛色の空の下に、いささかの活気もなく横たわる村々で生きていかなければならないという閏土や楊おばさんの直面している現実の厳しさに気づかず、いつまでも「銀の首輪をつるし、鉄の刺叉を手にして立っている」はるか昔の姿を閏土に求め続けている「わたし」が、地主のおぼっちゃますぎるのである。地主の息子としての自らの立場に気づかない「わたし」に、「小作人」としての閏土や「豆腐屋」の娘だった楊おばさんの気持ちを理解することはできない。そのため、閏土を「デクノボーみたいな人間」と見誤ってしまうのである。

読者としての中学生の多くは、閏土を「デクノボー」としてとらえてしまうようである。「わたし」の視点に沿って進められる物語の構成上、それはしかたのないことではあるが、ここでもやはり「視点の転換」を用いて、中学生の読みの幅を広げることが必要となる。

学習課題3「悲しむべき厚い壁」と「目に見えぬ高い壁」、二つの「壁」の違いを考えよう

本文中には、二つの「壁」が出てくる。その二つの「壁」の違いについて私に考える機会を与えてくれたのは、東京都府中市立府中第三中学校における平林佑樹教諭の実践である。『故郷』を繰り返し読み、理解したつもりになっていた私にとって、それは新鮮かつ刺激的な問いかけであった。（156〜157ページの「ワークシート」は平林佑樹教諭作成。）以下、平林佑樹教諭が投げかけてくれた問いについての私なりの考えを述べることにする。

■「悲しむべき厚い壁」（L167）

「悲しむべき厚い壁」によって隔てられているのは、直接的には「わたし」と閏土《ルントー》である。それは「悲しむべき厚い壁が、二人の間を隔ててしまったのを感じた」（L167〜168）という表現からも明らかである。また、この「悲しむべき厚い壁」が、

・「悲しむべき」↑「わたし」と閏土との間を隔絶させてしまった
・「厚い」↑打ち破ることの難しい身分の差（「わたし」＝地主の息子、閏土＝小作人）

であることも同じく明らかなことであろう。

■「目に見えぬ高い壁」（L231）

「目に見えぬ高い壁」の存在は、何十年ぶりの再会という劇的な場面に用いられた「悲しむべき厚い壁」に比べると、中学生にとって、その印象はやや薄いようである。しかしながら、この「目に見えぬ高い壁」について理解することは、『故郷』を読み解くうえできわめて重要な事柄のように思える。

故郷

三年　　組　　番
名前

学習課題3

二つの「壁」の違いを考えよう

■「悲しむべき厚い壁」とは

①［　　］と②［　　］を隔てている。

①と②の違い

［　　］

■「目に見えぬ高い壁」とは

③［　　］と④［　　］を隔てている。

③と④の違い

［　　］

■二つの壁はどこが違うのだろう

［　　］

「わたし」は、「自分の周りに目に見えぬ高い壁があって、その中に自分だけ取り残されたように、気がめいるだけである」（L231〜232）と感じている。ここで大切なのは、「自分だけ取り残された」とあるように、「わたし」は「目に見えぬ高い壁」に囲まれて、閏土や楊おばさんは言うに及ばず、「母」や「宏児《ホンル》」からも取り残されてしまったと思っていることである。このことからも、この「目に見えぬ高い壁」が、身分の差から生じた「悲しむべき厚い壁」と異なる「壁」であることは明らかであろう。「わたし」をほかの誰からも孤立させているものは何か。結論から言えば、それは、「今、自分は、自分の道を歩いているとわかった」という「わたし」の意識である。それでは、「閏土」「楊おばさん」「母」、そして「宏児」たちとは異なる「自分の道」とは何か。「わたし」は、閏土との距離が遠くなったことを認めつつ、宏児や水生《シュイション》には、「彼らだけは、わたしと違って、互いに隔絶することのないように……」（L237〜238）と願っている。しかし、そのために「わたし」のような「魂をすり減らす生活をともにすること」（L239）を願わないし、閏土のような「心がまひする生活をともにすること」（L240）も願わないし、そして、「楊おばさん」のような「のほうずに走る生活をともにすること」（L241）をも願わない。「わたし」が願っているのは、宏児や水生のような新しい世代が、「新しい生活」をもつことである。「別れて二十年にもなる故郷」に失望し、「西瓜畑の銀の首輪の小英雄の面影」を失ったあとに、「わたし」の心に生まれたこの「希望」

こそが、「わたし」を周りのすべての人々から孤立させる「目に見えぬ高い壁」なのだ。すなわち、「目に見えぬ高い壁」とは、「新しい生活」という「希望」をもっている人ともっていない人とを隔てる「壁」なのである。「閏土」や「楊おばさん」は言うに及ばす、「母」や「宏児」も、「新しい生活」という「希望」をもってはいないのである。希望の有無は目には見えないが、厳しい現実の中でその日一日をかろうじて生きていくのか、それとも「新しい生活」への希望を胸に抱いて生きていくのか、この二つの生き方の違いは大きい。

「悲しむべき厚い壁」の「壁」は原文では「障壁」であり、「目に見えぬ高い壁」の「壁」には「牆《しょう》」という文字があてられている。生徒はあくまで「竹内好・訳『故郷』」を「魯迅・作『故郷』」として読んでいるのであるから、いちいち原文と照合する必要はないが、原文での表記を確認することが解釈の手助けになる時もある。そこで、「壁」と「牆《しょう》」の意味の違いであるが、『漢字源』（学研）によれば、「壁」は「もと、牆《しょう》（家の外を取り巻く長いへい）に対して、薄く平らなついたて式の中庭のかべをいい、のち、家の内外の平らなかべをいう」と示されている。この説明から、「牆《しょう》」が「壁」よりもしっかりとしてじょうぶ、という意味であることがわかる。作者は、「牆《しょう》」と「壁」とを使い分けることによって、「悲しむべき厚い壁」よりも「目に見えぬ高い壁」のほうが乗り越えにくいことを示したかったのではないか。「悲しむべき厚い壁（障壁）」は身分の差から生まれる壁であり、その存在が明白な分、克服のための努力も払いやすい。しかし、「目に見えぬ高い壁（牆《しょう》）」は、希望をもっているかもっていないかによって生じる心の中の壁（牆《しょう》）であり、その存在がわかりにくい分、克服のための努力を重ねることも難しくなる。このように考えると、「自分の周りに目に見えぬ高い壁があって、その中に自分だけ取り残されたように」感じている「わたし」の悲しみは、深く、大きいことがわかる。そして、それだからこそいっそう強く、宏児や水生に「わたしたちの経験しなかった新しい生活」への「希望」を共有してほしいと思うのであろう。それだけ強い願いを込めた「希望」であるだけに、「わたし」はその「希望」が自分だけの「思い」に終わってしまうことを恐れるのである。「希望という考えが浮かんだので、わたしはどきっとした」（L244）のは、そのような「わたし」の不安から生じたものである。この「希望」を失ってしまわないためにも、「手製の偶像」にしてはならないのである。その強い思いが、作者をしてこの『故郷』を書かしめたのであろう。このように「目に見えぬ高い壁」によって周りにいるすべての人々から隔てられているという意識は、次の**学習課題4**に示す「今わたしのいう希望も、やはり手製の偶像にすぎぬのではないか」（L246〜247）という「わたし」の意識につながっていく。したがって、この**学習課題3**は次の**学習課題4**と組み合わせて指導することも考えられる。

学習課題4　どうして「わたし」は自分の「希望」を「手製の偶像にすぎぬのではないか」と思ったのだろうか

『故郷』の最終部、「希望という考えが浮かんだので、わたしはどきっとした」（L244）以下は有名な箇所である。授業で取り上げられることも多いと思われるし、現に私もしばしば取り上げてきた。しかし、私はこれまでこの部分を十分には理解しきれていなかったようである。

・「紺碧の空には、金色の丸い月がかかっている」（L249〜250）

・「それ（＝希望・筆者注）は地上の道のようなものである」（L251）

・「歩く人が多くなれば、それが道になるのだ」（L252）

こうした希望を感じさせる描写を重視するあまり、私のこの部分の理解は楽観的すぎたようである。特に、「道になるのだ」という表現から、「道ができる」＝「希望が実現する」と短絡的に理解していたのは、いくら紺碧の空に「金色の丸い月がかかっている」とはいえ、やはり単純すぎる理解であった。確かにこの部分の情景描写は、「景情一致」という観点から「わたし」の心の明るさを示していると考えられる。だが、その明るさは、かつて私が考えていたような「希望の実現」ということではないのではないか。そう考えるのは、「わたし」が自分の希望を「手製の偶像にすぎぬのではないか」と思ったことと深く関連している。

閏土のことを心ひそかに笑いながらも、「今わたしのいう希望も、やはり手製の偶像にすぎぬのではないか。ただ彼の望むものはすぐ手に入り、わたしの望むものは手に入りにくいだけだ」（L246〜248）と「わたし」が思わざるをえないのはなぜなのか。このことを考えるうえで大切なのは、「偶像崇拝」に込められた意味である。「わたし」は、閏土の「偶像崇拝」を心ひそかに笑っていたのだから、少なくとも「わたし」は、「偶像崇拝」を愚かなことだと思っているはずである。そして、ここでの「偶像崇拝」とは、偶像（あるいは迷信）を信じて崇拝することであり、それは、どれほど拝んでも（あるいは信じても）効果のない行為を意味している。とすれば、「わたし」は自分の希望について、閏土の偶像崇拝と同じく、どれほど信じても意味のないものであると考えていることになる。閏土の「偶像崇拝」と「わたし」の「希望」とでは、「ただ彼の望むものはすぐ手に入り、わたしの望むものは手に入りにくいだけ」（L247〜248）の違いなのだ。それでは、「わたし」はどうすれば、今自分の心の中に生まれた「希望」を「手製の偶像」ではなく、文字どおりの「希望」と呼ぶことができるようになるのか。

「手製の偶像」にすぎない「希望」とは、実現の可能性のない希望のことである。そして、今、「わたし」は気づいたのである。宏児《ホンル》や水生《シュイション》という若い世代に対して、「彼らは新しい生活をもたなくてはならない」（L242）と希望したところで、それが自分一人の心の中にとどまっているかぎり、それは閏土の「偶像崇拝」と同じように実現の可能性のない「妄想」にすぎないと。「もともとあるものとも言えぬし、ないものとも言えない」（L250〜251）希望が、希望という名に値するようになるのは、その思いを多くの人々が共有した時なのである。その時に初めて、希望は、ある一人の人間の胸に浮かんだ「妄想」ではなく、その実現に向けて歩み出すことのできる「希望」となるのだ。それが実現するかどうかは先のことである。「歩く人が多くなれば、それが道になる」のだから。いま大切なことは、多くの人々が、新しい世代は「わたしたちの経験しなかった新しい生活」（L242〜243）をもたなくてはならないという思いを共有することである。このような思いをもっている人ともっていない人を隔てるものが、「目に見えぬ高い壁」であることは**学習課題3**で確認した。

紺碧の空に浮かぶ金色の丸い月に励まされ、自分の思いが多くの人々に共有されれば、それは、個人的な思いから社会全体の願いになり、「希望」と呼べるものとなる。「もともと地上には道はない。歩く人が多くなれば、それが道になるのだ」という言葉が意味しているのは、個人の思いが個人の内だけにとどまるのではなく、その思いを多くの人が共有することで、それを人々の「希望」とすることであろう。

とは言え、「目に見えぬ高い壁」という言葉のもつ透明性は、よりいっそう、「わたし」の孤独感を際立たせてもいる。自らの現在を客観的に振り返り、見つめ直すという視点に欠ける「わたし」にとって、その思いが人々に共通する思い（希望）となる道のりは、この時の「わたし」が漠然と感じているよりはるかに険しいものになると考えられる。まさにこの時点での「わたし」は、薄く平らなついたて式の中庭の「壁」ではなく、家の外を取り巻く長いへいとしての「牆《しょう》」の中に「自分だけ取り残され」ているのだ。

学習課題3及び学習課題4は、第三学年「C読むこと」の指導事項「エ　文章を読んで人間、社会、自然などについて考え、自分の意見をもつこと」に関する学習として活用できる課題である。

学習課題5　情景描写の効果について考えよう

真冬の鉛色の空の下故郷に別れを告げに来た冒頭の場面から、幼いころに慕った「銀の首輪の小英雄」である閏土をはじめとする故郷の人々に受け入れられないままにそこを去っていく最後の場面まで、魯迅の『故郷』は、決して明るい内容の小説ではない。しかし、この小説を読み終えた中学生は、内容的な重苦しさを超えた明るい希望を感じるようである。

二十年ぶりに訪れた故郷やそこに住む人々に失望して故郷を去っていく「わたし」を描いた小

説にもかかわらず、小説『故郷』が、このような明日への希望を中学生に与えることができるのは、その情景描写の効果である。情景描写はそれぞれの場面の様子を客観的な事実として表現しているだけではない。いや、そもそも客観的な表現ということ自体を考え直さなければならない。描写には、必ずその人の考えや気持ちが反映している。つとめて客観的に描写しようと試みても、そのことから逃れるわけにはいかない。人は、自分の目で見、自分の心で感じたものしか表現することはできないのである。

小説『故郷』は次のような書き出しで始まっている。

厳しい寒さの中を、二千里の果てから、別れて二十年にもなる故郷へ、わたしは帰った。もう真冬の候であった。そのうえ故郷へ近づくにつれて、空模様は怪しくなり、冷たい風がヒューヒュー音をたてて、船の中まで吹き込んできた。苫《とま》のすきまから外をうかがうと、鉛色の空の下、わびしい村々が、いささかの活気もなく、あちこちに横たわっていた。覚えず寂《せき》寥《りょう》の感が胸にこみあげた。(L1~5)

厳しい寒さや鉛色の空、その下に広がる活気のない村々。それを眺めている「わたし」は寂寥の思いに包まれる。しかし、目の前に広がる村々の姿に寂寥を感じるのは、ほかでもない「わたし」自身である。この場面の「わたし」は、まさにそのように感じる心の状態にあった。そして、このような「わたし」が最終場面では、次のように景色を眺め、思いにふけることになる。

まどろみかけたわたしの目に、海辺の広い緑の砂地が浮かんでくる。その上の紺碧の空には、金色の丸い月がかかっている。思うに希望とは、もともとあるものとも言えぬし、ないものとも言えない。それは地上の道のようなものである。もともと地上には道はない。歩く人が多くなれば、それが道になるのだ。（L249〜252）

この終末部と、先ほど示した冒頭部とを比べれば、終末部の明るさは明らかである。「景情一致」とは、情景描写には、その景色（景）を目にした人物の心（情）が反映されているということにほかならない。したがって、紺碧の空に浮かぶ金色の月の明るさが「わたし」の心の風景として感受され、読者は明日への希望をもつことになるのである。この『故郷』が、中学校第三学年の三学期、卒業を間近にした時期に配置されることが多いのも、卒業していく中学生に未来への希望をもたせようという配慮があるのであろう。

ところで、紺碧の空に「金色の月」が浮かんでいる情景は終末部のほかにもある。それは、少年時代の閏土が描かれている場面である。

紺碧《こんぺき》の空に金色の丸い月がかかっている。その下は海辺の砂地で、見渡す限り緑の西瓜《すいか》が植わっている。そのまん中に十一、二歳の少年が、銀の首輪をつるし、鉄の刺叉《さすまた》を手にして立っている。そして一匹の「猹《チャー》」を目がけて、ヤッとばかり突く。すると「猹」は、ひらりと身をかわして、彼のまたをくぐって逃げてしまう。（L35〜39）

ここに描かれている閏土は、まさに西瓜畑の銀の首輪の小英雄そのものであり、「神秘の宝庫」（L92）のような心の持ち主にふさわしい。この閏土の姿と金色の丸い月の明るさが最終部の描写と重なり、『故郷』の読後感をより明るいものとするうえで大きな役割を果たしている。

「わたし」はただ一人、紺碧の空に浮かぶ金色の月を眺めながら、新しい世代である宏児《ホンル》と水生《シュイション》が「新しい生活」をもつことを願うとともに、彼ら二人がかつての「西瓜畑の銀の首輪の小英雄」のように生きることをも願っているのだ。『故郷』全編をとおして、十一、二歳の頃の少年閏土は、非常に魅力的な少年として描かれている。彼は、「つやのいい丸顔で、小さな毛織りの帽子をかぶり、キラキラ光る銀の首輪をはめて」いる（L57〜58）。「閏土の心は神秘の宝庫で、わたしの遊び仲間とは大違い」（L92）なのである。宏児や水生にもこのような生活を経験させたいと「わたし」は願っているのである。おそらくは、「わたしの父親」↓「わたし」↓「宏児」と、「閏土の父親」↓「閏土」↓「水生」と、時代とともに悪化してきた人々の生活の流れを断ち切り、宏児や水生たち若い世代に再び、かつての「西瓜畑の銀の首輪の小英雄」の姿を見いだしたいと願っているのである。このような「わたし」の願いが、最終部の情景描写により明るいイメージとして読者の心に届くのである。

情景描写にかかわる学習指導を研究授業などで目にすることは少ないが、第三学年「C読むこと」の指導事項「ウ　文章を読み比べるなどして、構成や展開、表現の仕方について評価すること」の指導は、表現力を育成するうえでもきわめて重要な学習である。同じく第三学年「C読むこと」の言語活動例「ア　物語や小説などを読んで批評すること」などの学習活動をとおして、文学的な文章における「表現の工夫」についての指導をいっそう充実させる必要がある。

おわりに

ここ数年、群馬大学教育学部附属中学校国語科の先生方と一緒に国語の研究を行ってきた。その研究を進める際の先行授業あるいは提案授業のような形で私が授業を始めてからすでに五年が経過した。この間、『ちょっと立ち止まって』(桑原茂夫)、『モアイは語る』(安田喜憲)、『少年の日の思い出』(ヘルマン＝ヘッセ)、『トロッコ』(芥川龍之介)、そして『故郷』(魯迅)の授業を実施することができた。もちろん中学校の教壇から二十年以上も離れている私の授業など、附属中学校の先生方から見れば欠点だらけであったことと思う。それにもかかわらず附属中学校国語科の先生方は、全体研究における私の授業の位置づけや、本時の学習指導案の検討など最後まで親身になって協力してくださった。本書はその際の教材研究と授業がもとになって生まれたものである。

大学教授としての私の授業を期待して待っていてくれる附属中学校の生徒諸君のためにも、なんとかしてよい授業をしたいと私なりに教材研究やワークシート、空き教室での模擬授業などの準備をして授業に臨んだ。それはちょうどかつて公立中学校に勤務していた頃の「研究授業」の前と同じであった。「明日の授業をどうするか」と日々創意工夫を凝らしている国語科の先生方と同じ思いで考え、私なりの授業を試みたのである。生徒諸君の期待に応えるために、なんとしても「魅力的な授業をしたい」という思いから生まれたのが、「スリルとサスペンス」という言葉であった。そして、「スリルとサスペンス」のある授業を創造するための指導方法が、「全体から部分へ、部分から全体へ」という新たな学習過程であった。「魅力的な授業」を創造するための「スリルとサスペンス」及び「全体から部分へ、部分から全体へ」という考えが、この数年間の私の授業を貫く太い柱のようなものになっている。このようなことから、本書は、実際の授業に即した教材研究や、授業を想定した具体的な「学習課題」から構成されている。

五年間にわたって附属中学校の生徒や先生方と一緒に考え、話し合った結果として生まれた本書が、読者の先生方が日々の国語科授業を構想する際に役立つことを強く願っている。

なお、本書は前述のように、附属中学校国語科の栗本郁夫先生（当時）、春田晋先生、今井靖先生、藤本裕一先生、及び生徒諸君や、お茶の水女子大学附属中学校の宗我部義則先生、岐阜県岐阜市立島中学校の平野栄子先生、さらには群馬大学教育学部国語科四年の齋藤佑君、塩野泉さん、下田マリ子さん、黒岩功太君、小島綾華さん、川和貴君の協力があって初めてまとめることができたものである。ここに記し深く感謝する。

平成二十二年二月

群馬大学　河野庸介

著者紹介
河野 庸介（こうの ようすけ）

昭和26年，伊豆大島差木地生まれ。明治大学文学部卒業。東京都公立中学校教諭，東京都教育庁指導主事，東京都立教育研究所指導主事、文部省初等中等教育局中学校課教科調査官，国立教育政策研究所教育課程調査官，群馬大学教育学部教授，群馬大学教育学部附属小学校長等を経て，平成23年度より相山女学園大学教育学部教授，および相山女学園中学校・高等学校長に就任。群馬大学では，平成18年度にベストティーチャーに選ばれた。
主な著書に，『中学校新国語科授業の基本用語辞典』（明治図書），『中学校新教育課程の解説　国語』（第一法規），『国語科重要用語辞典』（東京法令），『中学校国語科新授業モデル』全4冊（明治図書），『中学校　読解力を鍛える説明文指導の新展開』（明治図書），『「フィンランド・メソッド」で我が子の学力を伸ばす』（主婦の友社），『去りゆく時をつかまえて』（三省堂）などがある。

国語科授業にスリルとサスペンスを

2010年2月24日　初版第1刷発行
2012年2月 8 日　初版第2刷発行

著　者　河野庸介
発行者　小林一光
発行所　教育出版株式会社
101-0051　東京都千代田区神田神保町 2-10
TEL 03-3238-6965 ／ FAX 03-3238-6999
URL http://www.kyoiku-shuppan.co.jp

装丁・DTP　ユニット
印刷　藤原印刷
製本　上島製本

ISBN978-4-316-80289-3　C3037